Sprache der deutschsprachigen Kanzleien in der
frühneuhochdeutschen Zeit im südlichen Ostseeraum

Hanna Biaduń-Grabarek

Sprache der deutschsprachigen Kanzleien in der frühneuhochdeutschen Zeit im südlichen Ostseeraum

Teil 1

Phonologische und graphematische Ebene

PETER LANG
EDITION

Bibliografische Information der Deutschen Nationalbibliothek
Die Deutsche Nationalbibliothek verzeichnet diese Publikation
in der Deutschen Nationalbibliografie; detaillierte bibliografische
Daten sind im Internet über http://dnb.d-nb.de abrufbar.

Gedruckt mit finanzieller Unterstützung der Universität Gdańsk.
Umschlagabbildung: © gudrun / Fotolia.com

ISBN 978-3-631-72415-6 (Print)
E-ISBN 978-3-631-72416-3 (E-Book)
E-ISBN 978-3-631-72417-0 (EPUB)
E-ISBN 978-3-631-72418-7 (MOBI)
DOI 10.3726/b11192

Inhaltsverzeichnis

4 Schlesien

Vorwort

Im Jahre 2012 wurde an der Universität Gdańsk die internationale Forschungs-gruppe *Deutschsprachige Kanzleisprachen des Spätmittelalters und der Frühen Neu-zeit im südlichen Ostseeraum* gegründet. Zur Mitarbeit wurden Sprachhistoriker aus Polen, Lettland, Deutschland, aus der Slowakei und aus der Tschechischen Republik eingeladen.

Das Forschungsziel ist die Beschreibung der wichtigsten Sprachebenen der deutschsprachigen Kanzleien. Es wurden 7 Bände geplant, in denen folgende Ebenen beschrieben werden sollen:

- die graphemisch-phonemische Ebene,
- die morphologische Ebene - grammatische Kategorien usw.,
- die syntaktische Ebene - Satzsyntax,
- die Wortbildungsebene - Komposita, Derivate, Abkürzungen usw.
- die lexikalische Ebene - Entlehnungen, Fachlexik usw.,
- die Textebene – Textsyntax, Textsorten, Textallianzen usw.,
- die lexikographische Ebene - Erarbeitung eines Wörterbuchs (fakultativ).

Jeder Ebene wird ein Band gewidmet.

Am vorliegenden Band, der der phonologischen und graphematischen Ebe-ne gewidmet ist, sind germanistische Sprachhistoriker aus Gdańsk (Uniwersytet Gdański, Institut für Angewandte Linguistik), Warszawa (Uniwersytet Warszawski, Institut für Germanistik), Krakau (Jagiellonen-Universität, Institut für Germanis-tik) und Opole (Uniwersytet Opolski, Institut für Germanistik) beteiligt.

Es werden deutschsprachige Texte analysiert, die in Krakau (Kap. 1) im Or-densstaat und in Preußen Königlichen Anteils (Kap. 2 und Kap. 3), und in Schle-sien (Kap. 4) in den Jahren 1350–1650 entstanden sind. Im Vordergrund stehen folgende Aspekte:

- die Realisierung der standardsprachlichen und mundartlichen Neuerungen des Frühneuhochdeutschen,
- die Relationen zwischen Graphemen und Phonemen.

Er werden neue Erkenntnisse zu dieser Problematik präsentiert.

Die Verfasser der einzelnen Kapitel sind erfahrene polnische Sprachhistoriker, die sich mit der Geschichte der deutschen Sprache, besonders mit der frühneu-hochdeutschen Epoche befassen.

1 Krakau

Józef Wiktorowicz (Warszawa)

Die graphematisch-phonologische Analyse der deutschen Sprache in der Krakauer Kanzleisprache im 14. Jahrhundert

Abstrakt: Aufgrund der graphematisch-phonologischen Analyse der Sprache der Krakauer Stadtbücher aus dem 14. Jh.. wird gezeigt, wie die mhd. Vokale und Konsonanten in der Krakauer Kanzleisprache realisiert wurden. Die nhd. Monophthongierung wurde schon zu Beginn des 14. Jh. realisiert, die Diphthongierung dagegen erst in der zweiten Hälfte des 14. Jh..

Schlüsselwörter: Kanzleisprache, Monophthongierung, Diphthongierung, graphematisch-phonologische Analyse

1 Einleitung

Im Folgenden wird die graphematisch-phonologische Analyse der deutschen Kanzleisprache in Krakau im 14. Jahrhundert vorgelegt. Unsere Analyse stützt sich auf die deutschen handgeschriebenen Texte, die in den Krakauer Stadtbüchern enthalten sind. Ausgewertet wurden folgende Krakauer Stadtbücher:

1. Das älteste Krakauer Stadtbuch aus den Jahren 1300–1375 (zit. A);
2. Die Schöffenbücher, die die Eintragungen aus den Jahren 1365–1375 und 1390–1397 enthalten (zit. S);
3. Das Ratsbuch aus den Jahren 1392–1400 (zit. R);
4. Die Privilegiensammlung (aber nur die Texte, die vor 1400 eingetragen wurden (zit. P)).

Den Bezugspunkt für unsere Untersuchung bildet das mhd. Phoneminventar, d.h., es wird dargestellt, wie die mhd. Phoneme in der Krakauer Kanzleisprache realisiert werden. Unmittelbar zugänglich ist nur die graphische Realisierung der Phoneme, daher wird die häufigste graphische Variante eines Phonems als Graphem bezeichnet, während den anderen graphischen Realisierungen eines Phonems nur der Status der graphischen Varianten zukommt.

2 Vokale

Das mhd. kurze Phonem /I/ bleibt in der Krakauer Kanzleisprache unverändert erhalten, z. B. richten (R 99), silbere (P 53), gewinnen (S 168), wirte A 23). Das Phonem /I/ wird in der Krakauer Kanzleisprache meist mit dem Graphem (i) bezeichnet, gelegentlich erscheint die graphische Variante (y), die meist in Verbindung mit dem Konsonantenphonem /n/ auftritt: konyng (R 99), dorynne (S 79), kynderen (A 16), bynnen (P 35). Die Verwendung der graphischen Variante (y) vor dem Nasalkonsonanten /n/ war nicht obligatorisch, denn neben dem Schriftzeichen (y) erscheint auch die Wiedergabe mit dem Graphem (i): sint (S 106), czinsen (R 128).

Das mhd. kurze Phonem /Y/ bleibt auch in der Krakauer Kanzleisprache erhalten. Das mhd. kurze Vokalphonem /Y/ wird in der Krakauer Kanzleisprache durch zwei graphische Varianten (u) und (ů) wiedergegeben, wobei die Variante (u) häufiger erscheint. Das kurze Vokalphonem /Y/ erscheint in folgenden Wörtern: mundig (S 98), vruchte (S 135), schuttet (P 178). Die Wiedergabe des Phonems /Y/ durch die graphische Variante (ů) erscheint unter anderem in folgenden Wortformen: vůmf (p 25), wůrfiln (P 35). Das mhd. kurze Vokalphonem /Y/ konnte gelegentlich durch die graphischen Varianten (o) und (ó) wiedergegeben werden, was darauf hinweist, dass das mhd. /Y/ zu /ø/ gesenkt wurde. Als Beispiele für die Senkung des mhd. /Y/ zu /ø/ in der Krakauer Kanzleisprache können folgende Beispiele herangezogen werden: Vöchsin (R 10), moncze (R 105), Noremberg (R 99).

Das mhd. kurze Vokalphonem /U/ bleibt in der Krakauer Kanzleisprache erhalten und es wird meist durch das Graphem (u) wiedergegeben. Nur vor einem Nasalkonsonanten erscheint als graphische Variante das Schriftzeichen (v). Zunächst werden einige Beispiele für das mhd. Vokalphonem /U/ genannt, in denen in der Krakauer Kanzleisprache das Graphem (u) erscheint: schulde R 122), Burggrewen P 5), gesunt (S 86). Das Phonem /U/, das durch die graphische Variante (v) wiedergegeben wird, erscheint unter anderem in folgenden Wörtern: vndir (P 178), vnderschit (S 79), vm (R 86). Das mhd. kurze offene /U/ konnte in vielen Fällen zu /o/ gesenkt werden, was durch die Schreibung mit der graphischen Variante (o) wiedergegeben wird, z. B. gebort (P 38), dorch (P 61), forcht (P 177), Borggassin (P 51), das orteyl (R 163), notdorftik (P 61), coppfir (P 15). Neben den Schreibungen mit der graphischen Variante (o) kann in den gleichen Wörtern auch das Graphem (u) auftreten, was darauf hinweist, dass sich die Senkung des mhd. kurzen Vokals /U/ noch nicht konsequent durchgesetzt hat. In den Krakauer Stadtbüchern finden wir z. B. geburth (A 10), (P 75), notdurft (R 10).

Das mhd. kurze offene Vokalphonem /ε/ bleibt in der Krakauer Kanzleisprache unverändert erhalten. Es wird auf der graphischen Ebene mit dem Graphem (e) bezeichnet, z. B. betten (P 35), wendin (R 151), recht (R 163). In unbetonter

Position tritt sehr oft die graphische Variante (i) oder (y) auf, die auf eine andere phonetische Realisierung hinweist. Die graphische Wiedergabe mit (i) oder (y) erscheint aber nicht konsequent. Neben den Beispielen wendin (R 51), wachsis (R 69), dorfir (P 70), tochtir (R 149) gibt es die Schreibungen: betten (P 35), dorfer (P 59), sullen (R 10), burger (P 172). Die Verwendung der graphischen Variante (i) für das mhd. /ɛ/ in unbetonter Silbe war ein charakteristisches Merkmal der ostmitteldeutschen Kanzleisprache. Es ist anzunehmen, dass in unbetonter Silbe das reduzierte /ə/, und nicht die phonetische Variante /i/ realisiert wurde, weil es Schwankungen in der graphischen Wiedergabe des reduzierten Vokals /ə/ gab.

Das mhd. kurze geschlossene Vokalphonem /e/, das in Folge des Primärumlauts entstanden ist, wird in der Krakauer Kanzleisprache ebenfalls mit dem Graphem (e) wiedergegeben: erbe (P 35), bekennen (S 79), gevenknisse (P 53).

Auch das mhd. kurze offene Vokalphonem /æ/, das in Folge des Sekundärumlauts entstanden ist, wird auf der graphischen Ebene mit dem Graphem (e) wiedergegeben, z. B. mechtig (S 86). Mit anderen Worten sind in der Krakauer Kanzleisprache die drei mhd. kurzen e-Vokale und der lange e-Vokal auf der graphischen Ebene zusammengefallen.

Das mhd. kurze Vokalphonem /ɔ/ wird stets mit dem Graphem (o) wiedergegeben, z. B. dorfe (A 25), tochtir (P 79), czollen (P 35), worte (P 11), holcz (P 178).

Das mhd. kurze Vokalphonem /œ/ wird in der Krakauer Kanzleisprache meist mit dem Graphem (o) wiedergegeben, z. B. dorfir (P 70), mochte (R 98), eychhornyns (P 177). Nur in Ausnahmefällen erscheint die graphische Variante (ó), z. B. gótliche (P 172), lóblicher (P 74), wóllinweber (R 40).

Das mhd. kurze Vokalphonem /a/ wird auf der graphischen Ebene immer mit dem Graphem (a) wiedergegeben: sache (S 168), pfarrer (R 153), craft (S 109), armen (P 60).

Das mhd. lange Vokalphonem /i:/ wird in der Krakauer Kanzleisprache in der ersten Hälfte des 14. Jahrhunderts noch mit dem Graphem (i) wiedergegeben, z. B. bliuage (A 5), bi (A 2), d.h. das mhd. lange /i:/ wird in der ersten Hälfte des 14. Jahrhunderts noch als Monophthong realisiert. Gelegentlich erscheinen die graphischen Varianten (iᵉ), (yᵉ), z. B. wyᵉse (P 31), lyᵉden (P 9), ryᵉfen (P 25), cziᵉten (P 72), die in der zweiten Hälfte des 14. Jahrhunderts anzutreffen sind und als erste Anzeichen der Diphthongierung zu betrachten sind. Beim Krakauer Stadtschreiber Rodger (Rüdiger), der in der ersten Hälfte des 14. Jahrhunderts in der Krakauer Kanzlei tätig ist, erscheinen im absoluten Auslaut und vor einem Vokal noch andere graphische Varianten, und zwar (ie, ye, ig), z. B. drie A 27, drig A 17, drige A 12, vrige A 27. Vielleicht kann man solche Formen als Vorstufen der

Diphthongierung des mhd. langen Vokals /i:/ betrachten. Die ersten eindeutigen diphthongischen Formen treten bei einem Schreiber im Jahre 1367 auf, und zwar die Schreibungen seyn, weise (A 207).

Das mhd. lange Vokalphonem /u:/ wird in der ersten Hälfte des 14. Jahrhunderts noch mit dem Graphem (u) wiedergegeben, ähnlich wie der mhd. Diphthong /uo/, das im Mitteldeutschen monophthongiert wurde. In der ersten Hälfte des 14. Jahrhunderts findet man in den Krakauer Stadtbüchern die Wortformen buwen (A 2), melzhus (A 2, tusent (A 10), zscugasse (A 20 (Saugasse). Seit 1367 erscheinen auch beim mhd. langen Vokal /u:/ die Schreibungen (ú) in den Krakauer Stadtbüchern, die darauf hinweisen, dass in diesen Wörtern ein Diphthong realisiert wird. Man findet die Formen: húse, múer. Seit 1390 werden immer häufiger die Schreibungen (ou) für das mhd. lange /u:/ verwendet: hous.

Das mhd. lange Vokalphonem /y:/ wird in der ersten Hälfte des 14. Jahrhunderts noch als Monophthong realisiert, worauf die Schreibung (ú) hinweist: úch (A 6) (euch). In der zweiten Hälfte des 14. Jahrhunderts erscheinen die diphthongischen Schreibungen (eu), (ew), z. B. leuthe (S 119), Euch (P 81), newe (R 163), trewlos (R 161), newnczen (S 236). Nur bei einem Krakauer Stadtschreiber beobachtet man in der zweiten Hälfte des 14. Jahrhunderts Schwankungen zwischen den diphthongischen und monophthongischen Schreibungen, z. B. neben euch gibt es auch úch, Reussin, daneben Rússin, lúthen (R 157).

Wenn man die Schreibungen für die mhd. hohen langen Vokale /i:, y:, u:/ in der Krakauer Kanzleisprache betrachtet, kann man davon ausgehen, dass sich die nhd. Diphthongierung in der Krakauer Kanzleisprache Ende des 14. Jahrhunderts durchgesetzt hat.

Das mhd. lange Vokalphonem /e:/ wird auf der graphischen Ebene mit dem Graphem (e) wiedergegeben. Es wird dabei nicht zwischen dem kurzen e-Vokal und dem langen e-Vokal differenziert. Als Beispiele für das mhd. lange Vokalphonem /e:/ kann man aus den Krakauer Stadtbüchern folgende Beispiele anführen: meren (P 34), er (R 97) (mhd. êr – Erz), czwene (P 51), ersten (R 117), ere (P 146) (mhd. êre). Im Wort erste erscheint gelegentlich die Schreibung mit (i), was darauf hinweist, dass in dieser Wortform die Hebung des mhd. /e:/ zu /i:/ eingetreten ist.

Das mhd. lange Vokalphonem /ø:/ wird auf der graphischen Ebene meist nicht vom mhd. langen /o:/ und mhd. kurzen /ɔ/ differenziert, weil in der Regel das Graphem (o) gebraucht wird, z. B. groste (R 137) (mhd. grœzte), lotheges (A 16) (mhd. lœtec), horin (R 163), schonwerk (R 10 (mhd. schœnwerk). Nur in Ausnahmefällen wird die graphische Variante (ó) gebraucht, die eindeutig auf einen umgelauteten Vokal hinweist, z. B. gehórt (S 92), hóen (P 31), hóer (P 171).

Das mhd. lange Vokalphonem /œ:/ wird fast immer mit dem Graphem (o) wiedergegeben, z. B. lone (P 9), brotbanc (A 4), schossin (R 101), grosse (R 137), lot (P 4)) (mhd. lôt). Nur in zwei Wortformen erscheint gelegentlich die Schreibung (u), die auf eine Hebung des mhd. langen /o:/ zu /u:/ hinweist. Die graphische Variante (u) erscheint in den Wörtern du (A 27) (mhd. dô) und czwu (S 83) (mhd. zwô).

Das mhd. lange Vokalphonem /a:/ wird meist mit dem Graphem (a) bezeichnet und es wird auf der graphischen Ebene nicht vom kurzen mhd. /a/ differenziert. In der Krakauer Kanzleisprache findet man unter anderem folgende Beispiele: namen (P 9), gaben (A 9), bliuage (A 7), ansprage (A 28) (mhd. ansprâche), kram (A 16). Das mhd. lange Vokalphonem /a:/ wurde in der Krakauer Kanzleisprache gehoben und gerundet, weil sehr oft Schreibungen mit der graphischen Variante (o) auftauchen, z. B. obent (A 28), montage (A 24), rotherren (A 9), woren (A 14). Die Schreibungen mit der graphischen Variante (o) für das mhd. lange /a:/ erscheinen in der ersten Hälfte des 14. Jahrhunderts besonders häufig beim Stadtschreiber Rodger (Rüdiger).

Der mhd. Diphthong /ie/ wurde in der Krakauer Kanzleisprache monophthongiert und daher wird er auf der graphischen Ebene mit (i) oder (y) wiedergegeben, z. B. kysen (S 164), lisse (P 163), liben (P 31), byre (P 51).

Auch die mhd. Diphthonge /üe/ und /uo/ wurden in der Krakauer Kanzleisprache monophthongiert. Daher erscheinen auf der graphischen Ebene die Schreibungen (û) für den mhd. Diphthong /üe/ und (u) für den mhd. Diphthong /uo/. Als Beispiele für den monophthongierten mhd. Diphthong /üe/ können angegeben werden: bûssin (R 161), mûssen (R 169), hûten (R 70), fûsen (R 18). Für den monophthongierten mhd. Diphthong /uo/ kann man folgende Beispiele nennen: gute (R 149), busen (P 44), grus (P 6), thun (S 136), tuch (R 40).

Der mhd. Diphthong /ei/ bleibt in der Krakauer Kanzleisprache erhalten. Er wird mit dem Graphem (ei) bezeichnet; manchmal erscheint die graphische Variante (ey), z. B. heisin (P 71), teilen (S 189), breyt (P 173). Seit der zweiten Hälfte des 14. Jahrhunderts kommt es auf der graphischen Ebene zum Zusammenfall zwischen dem alten mhd. Diphthong /ei/ und dem neuen Diphthong /ɛi/, das aus dem mhd. Monophthong /i:/ entstanden ist.

Für den mhd. Diphthong /öu/ konnten in der Krakauer Kanzleisprache keine Belege gefunden werden. Der mhd. Diphthong /ou/ wird in der Krakauer Kanzleisprache mit einigen graphischen Varianten wiedergegeben, und zwar mit (ou, ow, au, aw, auw, ouw), z. B. toufin (P 26), koufen (R 10), berowbungen (P 67), hauwin (P 178), kaufin (P 60), vrouwe (P 26). Seit der zweiten Hälfte des 14. Jahrhunderts kommt es auf der graphischen Ebene zum Zusammenfall des alten mhd. Diphthongs /ou/ mit dem neuen Diphthong, der aus dem mhd. Monophthong /u:/ entstanden ist, z. B. kaufin (P 44) (für den mhd. Diphthong /ou/) und haus (R 156) (mhd. hûs).

3 Konsonanten

Das mhd. Konsonantenphonem /p/ wird in der Krakauer Kanzleisprache meist mit dem Graphem (p) wiedergegeben, z. B. wapin (P 36), Probst (P 70), PrÔssen (P 53), Prage (R 161). Gelegentlich erscheint die graphische Variante (pp), die nur intervokalisch nach einem kurzen Vokal auftreten kann: zuppen (P 53). Der polnische Ortsname Prądnik wird meist mit dem Graphem (p) wiedergegeben, und zwar Prendenik (P 52), aber in einem Fall erscheint die Schreibung mit (b): Brendenig (S 79).

Das mhd. Konsonantenphonem /t/ wird meist durch das Graphem (t) wiedergegeben, etwas seltener erscheinen in der Krakauer Kanzleisprache die graphischen Varianten (th) und (tt). Das Graphem (t) erscheint in allen Positionen, während das Auftreten der graphischen Varianten (th) und (tt) stellungsbedingt ist. Das Graphem (t) für den mhd. Konsonanten /t/ tritt unter anderem in folgenden Wörtern auf: worte (P 11), wirte (R 151), muter (S 160), rate (P 20). Die graphische Variante (th) erscheint in initialer Position sowie in medialer und finaler Position nach einem Vokal: thun (136), thore (R152), guth (S 190), leuthen (S 169), rathe (A 27), selgerethe (S 83). Die graphische Variante (tt) erscheint ausschließlich in intervokalischer Position, und zwar nicht nur nach einem kurzen Vokal: bitten (P 162), Spittal (S 168), Rytter (P 152), gutte (S 94).

Das mhd. Konsonantenphonem /k/ wird durch die Krakauer Stadtschreiber meist mit dem Graphem (k) wiedergegeben: komen (S 26), öchin (P 177), markte (P 176), werk (R 157). Daneben erscheinen als graphische Varianten (c) und (ck), wobei die graphische Variante (c) im Anlaut auftritt: cursner (A 18), cofcamer (A 15), Cram (A 2). In intervokalischer Position kann die graphische Variante (c) nur bei Eigennamen auftreten: lucas (R 155), Nicolaus (R 155), in der slacovsen gassen (A 19). Die graphische Variante (ck) erscheint dagegen in intervokalischer Position: Becke (A 20), ecke (A 13), brücken (P 172), dicke (P 45). In Ausnahmefällen kann für das Konsonantenphonem /k/ die graphische Variante (g) auftreten, die allerdings nur im Morphemauslaut stehen kann: wergstatt (R 10), Jarmargt (R 146), Suppenig (R 149) (poln. Żupnik), Brendenig (S 79), (Ortsname Prądnik).

Das mhd. Konsonantenphonem /b/ wird in der Krakauer Kanzleisprache mit dem Graphem (b) wiedergegeben: abir (R 84), leybe (S 83), gabe (S 109), erbe (A 9). Die mhd. Auslautverhärtung bewirkt, dass im Auslaut der stimmlose Konsonant realisiert wird. Daher wird auch in der Krakauer Kanzleisprache in dieser Position die graphische Variante (p) verwendet: dyp (P 179), halp (S 136), weyp (S 79). Im Wort ‚Bürger' wird in der Krakauer Kanzleisprache das Graphem (b) gebraucht, z. B. bůrger (P 172), burger (P 26), aber zweimal erscheinen die Schreibungen mit (p): purger (P 25, S 92). In diesem Fall lässt sich der Einfluss der schlesischen Mundart beobachten, in der der anlautende Konsonant /b/ zu /p/ geworden ist, vgl. schles. paur ‚Bauer', pukl ‚Buckel', pusch ‚Busch' u.a. In den grammatischen Formen des Verbs vor dem grammatischen Morphem der 3. Person Singular /t/ erscheint die Schreibung mit (b), obwohl die Auslautverhärtung auch in solchen Formen eingetreten ist: globt (R 131), abstirbt (R 149), gibt (R 84), lebte (R 149).

Das mhd. Konsonantenphonem /d/ wird auf der graphischen Ebene mit dem Graphem (d) wiedergegeben: laden (P 180), balde (R 146), gerade (S 168), eydem (P 1). Ähnlich wie beim mhd. /b/ tritt auch beim Konsonantenphonem /d/ die Auslautverhärtung auf, die durch die graphische Variante (t) bezeichnet wird: goltsmit (A 14), eyt (P 171), abent (A 137), hant (A 25), want (R 149), pfant (R 131). Dennoch kann in vielen Fällen die Schreibung (d) im Auslaut angetroffen werden: schuld (139), ymand (p 27), Gotfrid (A 10), nymand (R 115). Daneben lassen sich die Formen mit der graphischen Variante (t) finden: schult (S 160), Gotfrit (A 4), nymant (R 118).

Das mhd. Konsonantenphonem /g/ wird in der Krakauer Kanzleisprache mit dem Graphem (g) wiedergegeben: goben (S 160), got (S 168), tragen (S 109), nyderlage (P 15), eygen (P 36). Das Konsonantenphonem /g/ erscheint im Anlaut und in intervokalischer Position; im Auslaut kommt es dagegen zur Auslautverhärtung. Die phonetische Realisierung des stimmlosen Konsonanten /k/ bewirkt, dass im Auslaut oft die Schreibung mit der graphischen Variante (k) erscheint: wek (P 38), mechtik (S 109), wirdik (P 25), tak (R 99), dink (P 51), erbelink (P 43). Im Auslaut überwiegen die Schreibungen mit (k), aber die Schreibungen mit (g) sind auch anzutreffen: mechtig (S 86), Werzing (R 143). Die Auslautverhärtung tritt nicht nur im absoluten Auslaut, sondern auch im Morphemauslaut auf, daher gibt es auch in dieser Position Schreibungen mit den graphischen Varianten (k) oder (c): kegenworteclich (S 83), kuniclichir (P 50), Juncfrow (P 26), vorhencnisse (P 38), ewiklich (R 120).

Das mhd. Konsonantenphonem /m/ wird in der Krakauer Kanzleisprache mit dem Graphem (m) wiedergegeben; nur in Ausnahmefällen erscheint die graphische Variante (mm). Beispiele mit dem Graphem (m): mute (P 175), macht (S 109), messir (R 18), manne (S 135), mir (S 94). Die graphische Variante (mm) erscheint stets in intervokalischer Position: dorumme (R 105), kommit (R 84), genommyn (R 155).

Das nhd. Konsonantenphonem /n/ wird in der Krakauer Kanzleisprache mit dem Graphem (n) wiedergegeben; nechst (R 144), konig (R 99), neyn (R 122), lone (P 8), koufman (R 99). In intervokalischer Position wird die graphische Variante (nn) verwendet: kaufmanne (R 98), denne (S 189), wenne (S 109), vrundinne (P 61). In der Position vor dem Reibelaut /f/ wird gelegentlich die graphische Variante (m) für den Konsonanten /n/ verwendet, z. B. vômf (P 25). Es überwiegen aber auch in dieser Position die Schreibungen mit (n): czukunftige (P 61), vunfczig (R 152).

Das nhd. Konsonantenphonem /f/ wird in der Krakauer Kanzleisprache mit dem Graphem (f) wiedergegeben: frey (S 109), fugen (S 168), hylfe (R 163), nefe (S 86), brif (R 155), dorfe (R 143). Sehr oft erscheinen auch andere graphische Varianten für das mhd. Konsonantenphonem /f/. Im Anlaut wird neben dem Graphem (f) sehr oft die graphische Variante (v) verwendet: valsch (r 40), vestlich (P 8), vol (P 175), vûmf (P 25). Etwas seltener erscheint im Anlaut die graphische Variante (u): uestlich (P 175), uestnunge (P 16). Die graphische Variante (u) tritt auch im Morphemanlaut einiger Wörter mit dem Präfix be-, ge- auf, z. B. beuolin (P 29), beuelen (S 109), geuangen (P 35), geuorschit (R 155), beuestnungen (P 175). Die graphische Variante (ff) für das mhd. Konsonantenphonem /f/ erscheint im Inlaut, und zwar hauptsächlich in intervokalischer Position: pfeffer (P 71), offin (R 105), dorffit (R 163). Im Auslaut vor dem Konsonanten /t/ beobachtet man Schwankungen in der graphischen Wiedergabe des mhd. Konsonantenphonems /f/. Man findet sowohl die Schreibungen mit (ff) als auch mit (f): notdorfft (S 235), notdorft (R 157), czukunfftige (R 144), czukunftik (P 51). Im absoluten Auslaut findet man die graphischen Varianten (ff) und (f): briff (R 155), brif (R 155), of (R 98), off (R 98).

Das mhd. Konsonantenphonem /w/, das in der mhd. Zeit noch bilabial war, wurde in der frühneuhochdeutschen Zeit zum labiodentalen Reibelaut. Dieses neue Phonem wird in der Krakauer Kanzleisprache einheitlich mit dem Graphem (w) wiedergegeben: wol (A 207), wagen (R 84), wachin (P 54), want (R 148), wassir (P 15). Dieses Phonem tritt fast ausschließlich im Anlaut vor Vokal auf, inlautend ist es nur auf einige Wortformen beschränkt, z. B. ewiklich (R 120).

Im Mittelhochdeutschen gab es zwei stimmlose dentale Reibelaute, das alte germ. /s/ und das neue /s/, das in Folge der 2. Lautverschiebung entstanden ist. Das neue /s/ konnte nur nach einem Vokal im Inlaut und Auslaut stehen. Das neue stimmlose /s/, das nach der 2. Lautverschiebung entstanden ist, wird in der Krakauer Kanzleisprache durch einige graphische Varianten wiedergegeben: (s, ss, sz, z). In intervokalischer Position überwiegen die graphischen Varianten (s) und (ss): drissic) A 12), busse (P 175), bessir (S 160); heysit (A 180), buse (P 175), drisic

(P 25). In der ersten Hälfte des 14. Jahrhunderts wird die graphische Variante (z) in intervokalischer Position bevorzugt: grozer (A 21), Nyze (A 20), wizele (A 3) (die Weichsel). Aber solche Schreibungen mit (z) sind auch in der zweiten Hälfte des 14. Jahrhunderts anzutreffen: vuze (P 82), moze (R 98), lazin (S 92).

Das mhd. stimmlose alveolare /s/ konnte im Auslaut und vor stimmlosen Konsonanten stehen. Dieses Phonem wird in der Krakauer Kanzleisprache mit zwei graphischen Varianten, (sz) und (s), wiedergegeben. Die graphische Variante (sz) erscheint nur im Auslaut, z. B. geczugnisz (P 9). Die graphische Variante (s) steht vor Konsonanten: nest (P 27), zcunest (A 63), nehst (R 144), gaste (R 10), gesworn (R 155). Die beiden mhd. stimmlosen s-Reibelaute sind in der Krakauer Kanzleisprache zu einem Phonem zusammengefallen.

Das mhd. stimmhafte dentale Konsonantenphonem /z/ konnte anlautend vor Vokal und in intervokalischer Position stehen. In der Krakauer Kanzleisprache wird das mhd. stimmhafte Konsonantenphonem /z/ meist mit dem Graphem (s) wiedergegeben: losen (P 180) (lösen), kysen (P 34), sagin (R 98). Sehr oft ist auch die graphische Variante (z) anzutreffen: zundir (S 86), weyze (S 109), almozen (R 149), zal (S 164).

Das mhd. Konsonantenphonem /S/ wird in der Krakauer Kanzleisprache mit dem Graphem (sch) wiedergegeben: schaden (A 207), mensch (P 25), zwischen (P 181), schicken (P 54). Gelegentlich erscheint die graphische Variante (ssch): Bisschofs (R 156), zwisschen (R 117).

Das mhd. Konsonantenphonem /x/ wird in der Krakauer Kanzleisprache durch das Graphem (ch) wiedergegeben. Dieses Phonem erscheint im In- und Auslaut nach einem Vokal und nach einigen Konsonanten. Als Beispiele für dieses Phonem kann man anführen: rechenunge (R 86), dach (R 156), ouch (A 2). Nach den Konsonanten /r/, /l/, /n/: durch (S 106), sulchin (S 79), manchirley (R 122). Nur in einer Wortform beobachtet man Schwankungen in der graphischen Wiedergabe des mhd. Phonems /x/. Man findet in der Krakauer Kanzleisprache Schreibungen mit (ch), (h) und ohne ein graphisches Zeichen, was davon zeugt, dass in diesem Wort die Aussprache des mhd. /x/ schwankend war: nechste (S 79), nehst (R 144), nest (P 27), zcuneste (A 63).

Das mhd. Konsonantenphonem /h/ wird in der Krakauer Kanzleisprache durch das Graphem (h) wiedergegeben: heisin (P 71), hof (A 6), helfte (R 117), halsin (R 161), hant (A 25). In der mhd. Zeit konnte das Phonem /h/ sowohl anlautend vor Vokal als auch inlautend zwischen Vokalen stehen (haben – sehen), während in der Krakauer Kanzleisprache dieses Phonem nur im Anlaut vor Vokal stehen kann. In intervokalischer Position ist dieses Phonem in der frühneuhochdeutschen Zeit verschwunden, daher findet man in der Krakauer Kanzleisprache die

Schreibungen geschen (S 92) (mhd. geschehen), durchczien (P 15) (mhd. ziehen), swer (A 84) (mhd. sweher). Nur in Ausnahmefällen findet man die Schreibungen mit (h), die man als Dehnungszeichen und nicht als Wiedergabe des Konsonanten /h/ betrachten kann, z. B. czyhen (P 34).

　　Das mhd. Konsonantenphonem /r/ wird in der Krakauer Kanzleisprache durch das Graphem (r) wiedergegeben: vir (R 136), vor (R 136), ere (R 146), rot (R 99). Als graphische Variante kann in intervokalischer Position (rr) auftreten: herre (R 98), pfarrer (R 153), sperren (A 207). In einem Wort gibt es Schwankungen zwischen (r) und Null, und zwar im Wort ‚mehr': mer (P 51, 55), me (S 79, 135). In einem Fall unterscheidet man in der Krakauer Kanzleisprache auf der graphischen Ebene zwei verschiedene Wörter: vere (P 5) (mhd. vere, nhd. Fähre) und verre (P 9) (mhd. verre).

　　Das mhd. Konsonantenphonem /l/ wird in der Krakauer Kanzleisprache durch das Graphem (l) wiedergegeben: leuthe (P 64), loube (P 174), vil (R 146), ele (A 207), wil (R 156). Nur in intervokalischer Position kann sehr oft die graphische Variante (ll) auftreten: sullen (S 79), wellin (R 148), steynkeller /A 24). Im Auslaut und vor Konsonanten kann nur das Graphem (l) stehen: welde (R 163), wil (R 156), sal (S 189), sulde (S 160).

　　Das mhd. Konsonantenphonem /j/ kann nur im Anlaut auftreten und in der Krakauer Kanzleisprache wird es durch das Graphem (i) wiedergegeben: ior (R 149), iaren (P 50). Als fakultative graphische Variante erscheint gelegentlich das Schriftzeichen (y): yaren (S 160), den yerigen czins (P 59) (jährlich).

　　Die mhd. Affrikate /pf/ wird in der Krakauer Kanzleisprache meist durch das Graphem (pf) wiedergegeben: pfarrer (R 153), pfeffer (P 71), pfennig (A 207), pfant (R 131. In zwei Wörtern erscheint auch das unverschobene /p/ statt einer Affrikate /pf/. Es handelt sich um die Wörter koppir (R 98) (kupfer) und scheppen (R 177) (mhd. scheffe, schepfe).

　　Die mhd. Affrikate /ts/ wird in der Krakauer Kanzleisprache durch das Graphem (cz) wiedergegeben: salcz (R 146), holcz (P 178), swarcze (P 44), nucze (P 60). In intervokalischer Position kann als fakultative Variante (czcz) erscheinen: nuczcze (P 51), saczczungenn (P 44), besiczczen (R 117).

4 Veränderungen des mhd. Phonemsystems in der Krakauer Kanzleisprache

a) Die mhd. hohen Diphthonge /ie, ye, uo/ wurden in der Krakauer Kanzleisprache monophthongiert, daher erscheinen die monophthongierten Schreibungen (i, ú, u) in den Krakauer Stadtbüchern, z. B. libe, mússen, gutte. Die meisten Bürger in Krakau kamen aus dem schlesischen Raum, in dem die nhd.

Diphthongierung ebenfalls durchgeführt wurde. Es ist daher nicht verwunderlich, dass die Krakauer Stadtschreiber, die meist aus dem schlesischen Raum stammten, die neuen Monophthonge verwendeten.

b) Die nhd. Diphthongierung der mhd. hohen langen Vokale /i:, y:, u:/ erscheint in der Krakauer Kanzleisprache erst in der zweiten Hälfte des 14. Jahrhunderts. In der ersten Hälfte des 14. Jahrhunderts werden noch monophthongische Schreibungen verwendet, vgl. bi, bliuage, melzhus, tusent.

c) Das mhd. lange /a:/ wurde in der Krakauer Kanzleisprache gehoben und gerundet. Die Schreibungen mit dem Schriftzeichen (o) erscheinen schon in der ersten Hälfte des 14. Jahrhunderts, z. B. obent (A 28). In der zweiten Hälfte des 14. Jahrhunderts steigt die Zahl der Belege, in denen das mhd. lange /a:/ mit dem Schriftzeichen (o) wiedergegeben wird, z. B. woge (R 84), molers (R 160).

d) Im konsonantischen Bereich beobachtet man den Zusammenfall der beiden stimmlosen Zischlaute in der Krakauer Kanzleisprache. Sowohl für das alte stimmlose /s/ als auch für das neue /s/ werden die gleichen graphischen Varianten (s, sz) verwendet.

e) Der mhd. glottale Reibelaut /h/ bleibt in der Krakauer Kanzleisprache nur im Anlaut erhalten, während in intervokalischer Position dieser Konsonant verschwunden ist. Daher wird er auf der graphischen Ebene nicht mehr wiedergegeben, z. B. geschen.

Quellen

Scabinalia Cracoviensia 1 (zit. A)
Scabinalia Cracoviensia 3 (zit. S)
Consularia Cracoviensia 427 (zit. R)
Privilegiensammlung 1447-a (zit. P)

Literatur

Anders, Heinrich (1939): Das Posener Deutsch im Mittelalter. I. Teil: Phonetik, Wilno.

Arndt, Barbara (1897): Der Übergang vom Mittelhochdeutschen zum Neuhochdeutschen in der Sprache der Breslauer Kanzlei, Breslau.

Duda, Barbara (1976): Linguistische Analyse der deutschen Sprache in den ältesten Stadtbüchern von Kraków. (Unveröffen. Diss.).

Duda, Barbara, Kaleta-Wojtasik, Sławomira (2001): Die deutschsprachige Periode der Krakauer Kanzlei (14. – 16. Jahrhundert). In: Tausend Jahre polnisch-deutsche Beziehungen. Sprache – Literatur – Kultur – Politik. Materialien des

Millennium-Kongresses 5. – 8. April 2000, Warszawa, hrsg. von F. Grucza, Warszawa, 348–364.

Jungandreas, Wolfgang (1937): Zur Geschichte der schlesischen Mundart im Mittelalter. Untersuchungen zur Sprache und Siedlung in Ostmitteldeutschland. Breslau.

Waligóra, Krystyna (1996): Das graphematische System im Bereich des Haupttonvokalismus in den Krakauer Zunftsatzungen aus dem 16. Jahrhundert. Kraków (Unveröffen. Diss.).

Wiktorowicz, Józef. (1981): System fonologiczny języka niemieckiego ksiąg miejskich Krakowa w XIV wieku (Das phonologische System der deutschen Sprache in den Stadtbüchern Krakaus im 14. Jahrhundert), Warszawa.

Wiktorowicz, Józef (1984): Graphematische Analyse der deutschen Sprache in den Krakauer Stadtbüchern des XIV. Jahrhunderts. In: Zeitschrift für deutsche Philologie, Bd. 103, 407–420.

Wiktorowicz, Józef (1995): Die deutsche Sprache in den Krakauer Stadtbüchern des 15. und 16. Jahrhunderts. In: Lerchner, G./ Schröder, M./ Fix, U. (Hrsg.): Chronologische, areale und situative Varietäten des Deutschen in der Sprachhistoriogeographie, 227–235.

Wiktorowicz, Józef (1997): Die deutsche Sprache in Krakau im 16. Jahrhundert. In: Grabarek, Józef / Greule, Albrecht/ Piirainen, Ilpo Tapani (Hrsg.): Deutschsprachige Kanzleien des Spätmittelalters und der frühen Neuzeit. Bydgoszcz, 101–108.

Sławomira Kaleta-Wojtasik (Kraków)

Schreibgewohnheiten in der deutschen Kanzleisprache Krakaus im 16. Jahrhundert

Abstrakt: Es werden die Schreibgewohnheiten in der deutschen Kanzleisprache Krakaus im 16. Jh. und dabei die Schreibgewohnheiten von Balthasar BEHEM behandelt. Besprochen werden Vokale, Diphthonge samt ihren qualitativen Veränderungen, Kontraktionsergebnisse, Konsonanten und Affrikaten. Anschließend wird auf ihre graphischen Realisierungen eingegangen.

Schlüsselwörter: Kanzleisprache, Krakau, Frühneuhochdeutsch, Spracheigenschaften, Graphemik, Ostkolonisation

Zu den ältesten Kanzleien in Polen gehören die Breslauer und die Krakauer Kanzlei. Die Gründung einer Kanzlei stand jeweils mit dem Entwicklungsstand des Stadtrechts in Zusammenhang (Verleihung des Lokationsprivilegs und der Stadtverfassung); wenn auch umgekehrt die Verleihung des Stadtrechts keine unerlässliche Bedingung für die Existenz einer Kanzlei war.

Die ältesten Stadtbücher von Kraków sind *Acta Scabinalia Cracoviensia I*: 1300–1311 (Schöffenbücher), deren Aufzeichnungen 1300 oder 1301 einsetzen. Dies ist wohl aber nicht das älteste Buch, da sich Krakau bereits ab 1280 oder 1283 eines eigenen Siegels[1] bediente und ab 1290 das Amt eines Stadtschreibers kannte: Um 1289 wird JOHANN, dictus POLLER erwähnt und in den Jahren 1300–1305(?) war HEINRICH GISLER tätig, der bereits 1290 und 1293 als Henricus Gisleri beurkundet wird (PTAŚNIK 1934: 233, FRIEDBERG (1955: 280). Vom 13.–16. Jh. sind uns die Namen von über 20 Stadtschreibern bekannt.

Bis 1318 oder (nach FRIEDBERG 1955: 284)[2] bis 1312 besaß Kraków höchstwahrscheinlich nur eine Kanzlei, nachdem im 14.–15. Jh. in den Stadtrechnungen nur der *Notarius*[3] und der *Vicenotarius*[4] erwähnt werden. Ab 1344 (wie eine Erwähnung im ältesten Stadtbuch belegt, dass der Notarius KONRAD von den Ratsherren einberufen wurde) wurden die Funktionen getrennt, so dass der Stadtrat und das

---

1 sigillum civitatis Cracovie und ab 1303 *sigillum advocati civitatis et civium Cracoviensium.*
2 Friedberg, Marian (1955): Kancelaria miasta Krakowa do polowy XVIII wieku (Die Kanzlei der Stadt Krakau zur Hälfte des 18. Jahrhunderts). In: Archeion 24, S. 277–304.
3 *notarius noster, notarius civitatis, scriptor civitatis, Stadtschreiber, pisarz miejski.*
4 *protonotarius, Undirstadtschreiber, podpisek miejski.*

Gericht wahrscheinlich über separate Kanzleien, eigene Schreiber und deren Ge-
hilfen verfügten (FRIEDBERG 1955: 285). Die Bildung der kleineren Vogtkanzlei
wurde notwendig, weil alle Kriminal- und Todesfälle dem Vogt unterstellt waren.
Die Krakauer Stadtschreiber waren hochgebildete und jeweils wohlbekannte
Herren, die dreier Sprachen mächtig zu sein hatten: Latein, Deutsch und Polnisch,
wobei im 15. Jahrhundert nur die ersten zwei in den Stadtbüchern verwendet wurden. Aus dem 16. Jahrhundert sind folgende Stadtschreiber namentlich bekannt:

- Johann HEYDECKE (Mirica aus Altdamm/Dąbie bei Stettin), der 1500 das
  Stadteinkommen niedergeschrieben hat,
- Balthasar BEHEM, der 1488 als Vicenotarius erwähnt wurde und ab 1500 bis
  etwa 1508 Notarius gewesen war,
- Kasper GROSCH, der seit 1509 als Notarius, früher als Vicenotarius erwähnt
  wurde,
- Nicolaus JASKIER 1535, von dem die lateinische Übersetzung des Sachsenspiegels
  und des Weichbildes stammt,
- Bartłomiej GROICKI 1559, der Autor der polnischen Übersetzung des Mag-
  deburger Rechtes[5].

Zu den Schriften der Krakauer Kanzlei im 16. Jahrhundert gehören:

- die Vogtbücher (*Acta Advocatalia Cracoviensia*) aus den Jahren 1506, 1507,
  1522, 1524 und 1526. Sie enthielten Eintragungen aller (un-)strittigen Angelegenheiten der Bürgerschaft, die vor das Vogtamt gebracht wurden. Die sog.
  Processes oder *Actiones* wurden bis zum Jahre 1537 nach dem Wohnsitz geführt
  (Wiktorowicz 1981: 3).
- der *Codex Picturatus* von Balthasar BEHEM (1500–1505), in dem Abschriften von
  Urkunden ab dem 13. Jh. enthalten sind. Der Kodex ist ein vom Stadtschreiber
  angelegtes, sehr kostbares Kopialbuch, das mit der Verleihung des Magdeburger
  Stadtrechts im Jahr 1257 einsetzt, und verschiedene Privilegien der Stadt, eine
  Zusammenstellung der Eidesformeln (*iuramenta*), sowie auch die *iura munici-
  palia* (*Wylkör der stadt*) enthält. Als B. BEHEM den Auftrag bekam, sämtliche
  Krakauer Urkunden in einen neuen Kodex zusammenzufassen, nahm er sich
  u.a. den um das Jahr 1375 angelegten *Codex Privilegiorum* zum Vorbild. Am
  Ende des Bandes befinden sich spätere Eintragungen aus der 2. Hälfte des 16. Jhs.

Der *Summarius* (Inventar der Privilegien von 1257 bis 1544) aus dem Jahre 1545)
wurde von Urban PYRNUS angefertigt.

---

5 *Porządek sądów i spraw miejskich prawa majdeburskiego w Koronie Polskiej* (1555).

Im 16. Jahrhundert erfolgte der allmähliche Abbau der sprachlichen Eigenständigkeit des deutschen Bürgertums und dessen Integration. Der Bilingualismus führte wohl zu einer Anpassung an die Kontaktsprache. Über eine Mischsprache (WIESINGER 1980: 496) dürfte es dann schließlich zur natürlichen Auflösung der deutschen Sprache gekommen sein. Eine genauere Darstellung dieser Prozesse würde weitere Untersuchungen des noch nicht edierten Urkundenmaterials hinsichtlich der Interferenzen in Lexik, Morphologie und Syntax erfordern.

Die deutsche Urkundensprache der Krakauer Kanzlei im 16. Jahrhundert wurde in der bis jetzt unveröffentlichten Dissertation von K. Waligóra 1996 *Das graphematische System im Bereich des Hauptonvokalismus in den Zunftsatzungen der Krakauer Handwerker aus dem Anfang des 16. Jahrhunderts* sowie in ihren Beiträgen 1997, *Zu den vortonigen Nebensilbenvokalen als Entsprechung des mhd. <e> in den Krakauer Zunftsatzungen 1365–1591* und *Zur Aufhebung des Rückumlauts in den Krakauer Zunftsatzungen aus dem Anfang des 16. Jhs.: Ein Beitrag zur Geschichte des Frühneuhochdeutschen* [in:] A. Dębski (Hg.) 1997, B. Duda/S. Kaleta-Wojtasik, *Die deutschsprachige Periode der Krakauer Kanzlei* [in:] F. Grucza (Hg.) 2000, S. Kaleta, *Entlehnungen aus dem Polnischen in deutschsprachigen Urkunden der Krakauer Kanzlei des 14.–16. Jahrhunderts* [in:] M. Kłańska/P. Wiesinger (Hg.) 1999, sowie in Arbeiten von J. Wiktorowicz: 1995, *Die deutsche Sprache in den Krakauer Stadtbüchern des 15. und 16. Jahrhunderts* [in:] G. Lercher/M. Schröder/U. Fix (Hg.), 1997, *Die deutsche Sprache in Krakau im 16. Jahrhundert* [in:] J. Grabarek/A. Greule/I.T. Pirainen (Hg.) Wiktorowicz untersucht.

Grundzüge der fnhd./omd. Graphemik unter Berücksichtigung der Stellung der schlesischen Mundart innerhalb des Omd.

Im Laufe der Entwicklung zu einer einheitlichen Sprachform zeigen Texte aus dem omd. Raum in der ersten Hälfte des 16. Jhs. eine Sprachform, die bereits alle wesentlichen Erscheinungen des Nhd. enthält. PIIRAINEN (1980:VII–IX) vertritt die Meinung, dass im 16. Jh. die Graphemik der Texte aus östlichen Teilen des deutschsprachigen Gebietes (omd., ostfrank., böhmische Ma.) einheitlicher sei, als dies in den anderen Landschaften der Fall war. Das omd. Gebiet wird also für einen Sprachraum gehalten, in dem wenige spezifische mundartliche Charakteristika zu finden seien.[6] Das Schlesische gehört den ostmitteldeutschen

---

6   PIIRAINEN 1985 mit Referenzen auf BACH 1974, FLEISCHER 1966, GUCHMAN 1964.

Mundarten an und unterscheidet sich von diesen durch einige charakteristische Besonderheiten.

Monophthonge und Diphthonge

Die wichtigsten Charakteristika des Fnhd., die sich im Omd. wiederspiegeln[7], sind:

Diphthongierung von mhd. /iː/, /uː/, /yː/ ist im Fnhd./Omd. konsequent durchgeführt worden. Die häufigsten graphemischen Formen sind:

<ei>, <ey>: *bleyben, schneyden,* (obd. auch <ay>, <ai>: *zway, zaitig),*

<au<, <aw>: *maul, bawen,*

<eu>, <ew>, <eü>: *freunt, newen, leüt.*

Mhd. /iː/ omd.<ei>, <ey>= schles., <ei>, <ey> seltener <i>, <y> <e>:

In der schlesischen Mundart tritt der Wandel zu <ei>, <ey> so stark hervor, dass die <i>, <y>-Schreibungen nur in den ältesten Texten auftreten und in jüngeren nur als Ausnahmen und in kleiner Zahl belegt sind: *glich, schriben, statsschriber, bliben (Inf.), fritage, wynachten, Swydnicz, drizenhundirt, dryhundert* udgl. Die Schreibungen mit <i> und <y> werden im Laufe des 16. Jhs. immer seltener; dabei wird <y> meistens dort vor oder nach <n>, <m>, <w> geschrieben, wo <i> nicht deutlich genug wäre (JUNGANDREAS 1987: 33, FLEISCHER 1966: 58f, WIKTOROWICZ 1984: 409)[8].

Im Präfix *in-* (nhd. *ein-) steht in den jüngeren Text*en auch oft noch ein <i> oder <y>: *ingesigel, ynwoner.*

Sonst sind <ei>, <ey>-Formen überwiegend: *czeit, reich, sein, schreiben, allinne, nigleich, bey, sejn, weyse.*

Mhd. /iː/ = schles. <e>: *czwetracht, Swednicz, bleben, lechnam,*

Schreibungen mit <e> sind ein typisches md./schles. Merkmal und sterben vor der Mitte des 16. Jhs. aus[9]. In dem Numerale mhd. *zweinzic, czwei,* erscheint auch <e>: *czwenczigsten, czwene.*

Mhd. /uː/ diphthongiert zu omd. <au>, <aw> = schles. <au>, <aw>, seltener <u>, <v>

---

7   PIIRAINEN 1985: 1372.

8   Nach JUNGANDREAS (1987, § 9) setzt die Diphthongierung von /iː/ in Schlesien in der zweiten Hälfte des 14. Jhs. ein. Das <i> des Präfixes *in-* erklärt sich nach FLEISCHER (1966: 101) durch die frühere Reduktion des Präfixvokals.

9   JUNGANDREAS (1987: 94, 86–91) meint, dass die <e> Schreibung in diesen Fällen gegen Ende des 16. Jhs. in Schlesien völlig verschwunden sei.

Belegt sind im Schles. die Schreibungen <au>, <aw>, wie: *maul, frau, haws, jrawe, aws, awssen, tawsent, mawer.*

Monographemische Zeichen sind selten, doch sind z. B. <v> in *vf* neben *auff* und <u> in. z. B.: *hus, us, tusint. durchluchtigsten, gebruchin* (gebrauchen) anzutreffen.

Mhd. /*u*:/ diphthongiert zu a = schles. <u> <aw> <ou>: und umgelautet = schles. <ew>: *rewmen, sewmen.*

Mhd. /*y*:/ <iu> diphthongiert zu omd. <eu>, <ew>, <eü> = schles. <u>, <v>, <ü> <eu>,<ew>:

lute, lüte, crucz, crvcz, vrunde, gebruwen, geczuge, geczug, geczugnis, freuntlich, (erbir) leutin, lewte, crewcze, brewen, prewhaws, newn.

Gelegentlich steht auch <aw> in: *nawdn, getrawn.*

Monophthongierung von mhd. <ie>, <uo>, <üe> zu /*i*:/ <ie>, /*u*:/ <u>, /*y*:/ <ü> ist im Fnhd./Omd. ebenfalls konsequent durchgeführt worden.

Mhd. /*ie*/> omd., schles. monophthongiert zu /*i*:/; <ie>, <i>, <y>:

Nur für mhd. /*ie*/ treten <ie>, <i>, <y> nebeneinander auf.

Dem mhd. /*ie*/ entsprechen schles. <i>, <ie>, <y> *in: dinen, dienen, hier, lieben, briff, brieff, vierde, vierde, di, dy, si, sy, dyner, dyp.*

Die Schreibungen mit <i> <y> sind nach der Ansicht von JUNGANDREAS[10] für östliches Schlesisch und Mährisch charakteristisch, während der Nordwesten meistens <ie> schrieb.

Hierzu gehört auch die Schreibung mi t <ü>: *viint* statt; md. *vient.*

Für das anlautende k mhd. je- werden ständig <i> bzw. <y> verwendet: *iczlichen, iderman, ymand;* in Krzemienica auch *eymant.*

Mhd. /*uo*/, /*ue*/ > fnhd. /*u*:/, /*y*:/ ist durchgängig: *czu, tun, gute, buch, tuch, fus.* Doch zeigt sich neben <u> gelegentlich auch ein <ue> in: *tuen, zue, czwue.*

Für mhd. /*uo*/, /*üe*/ > fnhd./omd. <u>, <v>: kommen im Schles. nur monographemische Zeichen: <u>, <v>, <w>, <u> vor: *buch, bruder, brwder* (für Sg. und Pl.), *rudern, gwte, guter, gutlich, bücher, mussen, gnuglich, vorgnugen.* ARNDT (op. cit., S. 179f) hat in den Breslauer Urkunden keine Belege für <uo> gefunden.

Für Mhd. /*uo*/ kann auch schles. <o> stehen: ARNDT (op. cit., S. 178) führt nur zwei Beispiele an: *most* (musste), *Conrat;* in Krzemienica ist auch <e> belegt in: *then* (Inf. zu nhd. *tun).*

Die qualitativen Veränderungen von mhd /*ei*/ >[ae], /*ou*/ >[ao] und /*öu*/ > [ɔi] sind im Fnhd./Omd. durchgeführt worden. In der Schrift treten folgende Entsprechungen auf:

---

10 Op.cit., S. 200f.

Mhd. /ei/; fnhd. <ei>, <ai>: *heim, haim,* aber auch omd. gelegentlich das monographematische <e>: *mester.*

Im Schlesischen (Breslau) stehen im 16. Jh. ausschließlich <ai>, <ay>: *kaiser, laisten, laider, rechtigkait, kayne, pechstayn, klayder,* sonst auch (z. B. Teschen 14.–15. Jh., Krakau 15.–16. Jh., Krzemienica 15. Jh.) <ey>, <ei>: *kleyn, eyner, gemeyne, getreyde, leien, weidn* und gelegentlich auch <e>: *enander, kleder, czwenczigisth, lede* (Konj.Präs. zu *leydin).*

Mhd. /ou/; fnhd./omd. <ou>, <ow>, obd. <au>, <aw>: *houptman, ouch, awch, baum.*

Im Schlesischen sind die Schreibungen mit <au>, <aw> neben <ou>, <ow> sehr zahlreich belegt, obwohl die ersteren[11] aus dem Obd./Bair. stammen und im Omd. als Ausnahmen gelten: *vorkawft, vorkawft,* neben *vorcoufft, auch, awch,* neben *ouch; glauben, glawben* neben *glouben* und *berowben, owgen, awgen, irlouchten.* Nur <aw> steht in: *trawen, getrawer.*

Gelegentlich (außer Teschen, wo die obd. Einflüsse wohl stärker sein mussten) ist auch ein monographematisches <o> belegt, in:

1. Stammsilben vor einfachen Konsonanten: *erlobet, och, bom,*
2. In nebentoniger Stellung: *orlop,*
3. Vor Konsonantenverbindung: *koffluten, koffmans.*

Vereinzelt ist hier auch das schles. <u> anzutreffen: *vorluffunde* für *verloufende.*

Mhd. /ou/; fnhd. <eu>, <ew>: *freund, frewen.*

Schlesisch hat dieselben Entsprechungen: *frewde, lewte,* wobei auch md. <eu>, <ew> für mhd. /ou/ in z. B. *vorkeufen, heuptmanne, kewffen, gleuben, gleubigern, dirleub, erlewbet* anzutreffen sind. Bei *vorkeufen / kewffen* handelt es sich um einen md. Umlaut, der nicht in die nhd. Sprache eingegangen ist und sich vom ahd. *koufjan* (neben *koufan*) ableitet. *Gleuben, gleubigern, erlewbet* sind md. Formen; ihr zweiter Bestandteil ist mit dem von *erlauben* identisch; im md. steht (auch noch von Luther gebraucht) *gleuben.*

Mhd. /i/; fnhd. <i>, <ie>: *schicken, wieder.* Im Thüringischen treten hier auch <e> Schreibungen *auf: fermeh.*

Im Schles. sind die Schreibungen mit <i>, <j>, <y> sowohl für kurze als auch gedehnte Vokale vertreten, wobei <y>, <j> im Laufe des 16. Jhs. immer seltener werden: *sint, wider, wyr, wyrt.* Dem mhd. /i/ entspricht im Schles. oft auch die <e>-Schreibung: *weder, deser, desen, geschreben, czwechin.*

---

11 JUNGANDREAS 1987: 220f.

Für mhd. /u/ und /y/ stehen in der Regel im Fnhd. die Entsprechungen <u>, <v>,<ü>: *lufft, vns, vnt, füllen, gulden, fursten, furstlich, fruchten.*
Für mhd. <u> und <ü> sind im schles. die <u>, <li>-Schreibungen sehr zahlreich belegt (soweit nicht durch <o> verdrängt):
<u>: *burger, schult, vormunde, junge.*
<u>: *fur* mhd. /y/: *vruchten, dunken, kunig, wurde, fur, furder, furst, burgen, stucke uber, schlussel, brucke, kunfftig,* seit dem 15. Jh. auch mit bezeichnetem Umlaut: *ffürsten, nüczlich, über* u.dgl.
Vor Nasalen und in anderen Stellungen sind jedoch auch das schles. **gesenkte** <o> und <ö> verbreitet: *sonne: sonntag/ suntag, torm, widirsproche, obel, obir, bedorfen, keiginwortig, wilkore mogen, worde, vormogen.* Umlautschreibungen mit <o>: *mogen/mögen, gortel/görtel, öbir, könig, bröcke.*

Sonstige Monophthonge und Diphthonge im Schlesischen

Mhd. <a> wird im Schles. als <a>, <o> und <e> wiedergegeben:
Mhd. /a/ = schles. <a>: *marg, gancz, macht* und (vor <r>, <l>) <o>: *jormorgt, dor* (nach 1545 nicht mehr belegt), *dorumbe, vorfollen, dorinne.*
Mhd. /a/ = schles <e>: 1732700915 schles. *wenne,* 1732700915 *wenn;* mhd. *wan* (1732700916 <ahd.: *hvanta) mhd. wann* ahd. *hvanne, des* (nhd. *das).*
Mhd. /a/ und /a:/ = schles. <u>: *unflut* (für *unflat*)
Mhd. /a:/ = schles. <a> <o>: *rat, rot, hat, hot, iore, swoger* (nach 1550 ist <o> in Breslau nach RÜCKERT[12] nicht mehr vertreten.)
Vereinzelt erscheint hier auch das schles. <oe>: *getoen, geton, getaen empfoen, pfoel, gedoechter.*
Mhd. durch Dehnung entstandenes /a:/ = schles. <a>: *tages*
Schles. <a> erscheint auch als Produkt der Zusammenziehung zweier Silben in: *han (haben).* Es steht auch manchmal für ein unbetontes <e> in Flexions- und Ableitungssilben: *das selbis nachtes.*
Mhd. -age > schles. kontrahiert zu <ai>, <ay>: *besait, betaidigunge, wayne, wayn, gesayt, angeclayt.*
(Vgl. auch unter <g>).
Mhd. <o> wird im Schles. als <a> und <o> wiedergegeben:
Mhd. /o/ (>nhd. /o/) = schles. <a>, <o>: *ane, one, lon, gehorsam, gros, so, also, not, trost.* Die <a>-Schreibungen für mhd. /o/ erlöschen nach ARNDT (op.cit. S. 5) zu Beginn des 16. Jhs.

---

12 Op.cit., S. 39.

Mhd. /o:/ = schles. <oe>: *lo es,*
Mhd. /o:/ = schles. <oi>: *grois, lois,*
Mhd. /o:/ = schles. <u>: *czwu,*
Mhd. /o:/ = schles. <oe>: *soen, hoe.*
Mhd. /o:/ (nhd. /o:/ und [:ɔ] = schles. <a> und <o>: *gesprachen, adir, ap, abir, sal, dach, tachter, doch, tochter, sollen, fol.*
    und schles./md. <u>, <v> vor gedeckten Liquida, <ch>, <ck> und <ff>: *sullen, furdem, gult, wullen, wulde, vffintlich.*
Vereinzelt erscheinen auch <ö> und <ü>: *sulde, salchem, sulche, salche.*
Mhd. /o/ = schles. <ou>: *loup* (nhd. Lob)
Mhd. <-oge> = schles. kontrahiert zu <-oi>: *foit, foite.*
Sehr vereinzelt steht schles. <e> für <o> oder <ö>: *selde* für *solde* und *hefin* für *hoven.*
Mhd. <e>:
Mhd. /e:/ = schles. <a>: *bekart, widerkart.*
Mhd. /ë/ = schles. <a> oder <e>. In der Regel tritt <a> ein, wenn /ë/ vor gedecktem l und r steht: *salb, salbdritte, salczam* (seltsam), *vare* (verre). Sonst: *begern, ledig, nemen, recht, swaster.*
Die <a>-Schreibungen für mhd. /e:/, /ë/ erlöschen nach ARNDT[13] zu Beginn des 16. Jhs.
Mhd. /ë/ = schles. <i>: *is, dispot, smirze.*
Mhd. /e/ (Primärumlaut) = schles. <e>: *eldisten* und seit dem 15. Jh. wird der jüngere Umlaut auch durch <ä> bezeichnet: *väterlich, tuchschätzer.* In den älteren Texten steht auch schles. <i> für den Primärumlaut des a: *vortribet.*
Sekundärumlaut = schles. <e>: *gedechtnis, nehst, mechtig.*
Mhd. Umlaut von /a/ zu /æ:/ = schles. <e>: *were,* (aber auch: *wire* für *wære*) *teten, stete, seligis, jerlieh* auch <ä>: *hawsgerätte* (Breslau 1515), *Jhärigen* (Breslau 1560).
    In einer derivativen Silbe mit Nebenakzent: mhd. -ære kann <e> *(richter)* oder das morphemgebundene Allograph (i): *sehreibir* neben <e> auftreten.
Mhd. /e:/ = schles. <e>: *mer, ezwene, elieh, stet, eren, erbarn.* Es finden sich auch gelegentlich Schreibungen mit <i> vor <r>: *hire, irbarn, hirsehajt, irbarn, irsten.*
    Vielfach ist hier auch digraphische Schreibung mit <ee> anzutreffen: *steen, gescheen, eelichen, leenrechte.* Es begegnen uns auch Schreibungen mit <h>: *stehen, eheweib, geschehen.* Diese Schreibungen sind unserer Ansicht nach als Versuche einer Längenbezeichnung zu deuten.

---

13 Op.cit., S. 5.

Mit <e> wird auch das Ergebnis der Vokalzusammenziehung: *ken, gen* für *kegen; wene* für *wegen, gesen, geschen* bezeichnet.

Mhd. /e/ = schles. <o>: *wollen.*

Mhd. /e/ = schles. <u> nach <w>: *wulde, wulden.*

Mhd. /e/ = schles. <ei> belegt nur vor <g>: *keigen, keigenwertigkeit*[14].

Mhd. -ege > kontrahiert zu schles. <ei> <ey> (selten): *getreide, keyn* (gegen), *weyne, leyt.*

Mhd. /e:/ = schles. <ei> (in Breslau selten): *orfeide, feiden.*

Mhd./u/:

= schles. <o>, <u>, <v>: (nhd. <o>): *suntag, sunabinde, sunder, sontag, sonder,*

= schles. <o>: (nhd. <u>): *orteil, not dorfft, orteilen,*

= schles. <u>, <v>: (nhd. <u>): *vff, sehult, vormunde, jungk,*

Die <u>-Schreibungen sind im Schles. sehr zahlreich, soweit nicht durch <o> verdrängt.

Mhd. /u/ = schles. <ou>, <au>: *gloubden* (zu mhd. *glubde*), *beschauldigte.*

Mhd. /u:/ = schles. <o> in nebentoniger Silbe: *nockboren, nockborschafl.*

Mhd. /œ/ = schles. <o>: *ungehorik, bosir, horen, vorstorunge,* auch schles. <e>: *hechste.*

Mhd. /ö/ = schles. <ö>, <o>: *möchte, dörfer, slosser, mohten,* vereinzelt auch schles. <e>: *mechte.*

Mhd. /ü/ = schles. <o>, <o>: *widirsproche, obel, obir, bedorJen, mogen, wilkore, konige, worde, mögen, körschner, görtell, brocke.* Die <o>- Schreibung fur <ü> ist für das Md. charakteristisch.

Mhd. /ü/ = schles. <u>, <v> und seit dem 15. Jh. <ü>: *vruchten, kunig, fur, furst, stukke, glubeden, funff, ffürsten, nützlich, über.*

Mhd. /ü/ und /üe/ = schles. <i>: *mincze* neben *muncze, orkynde* für *urkunde.*

Mhd. /iu/ = schles. <u>, <ü>, <eu>, <ew> selten <aw>: *lute, lüte, lewte, vrunde, jreuntlich, brewen, prewhaus, getrawer, gebruwen* (s.o.).

Zu den auffälligsten schlesischen Merkmalen in der Graphie gehören die Schreibungen:

<o> (*Olbracht*) vor <r>, <l> für mhd. <a>,

<o> (*rot, jormorg*) für mhd. /a:/, geschr. Mhd. <a>, <a> (*ane*) für mhd. /a:/; nhd. <o>,

<a> (*bekart*) für mhd. /e:/,

---

14 ARNDT (1898: 37) interpretiert diese Schreibung als Bezeichnung der Vokallänge, oder aber als eine traditionsgebundene Schreibung, in der Oberreste der Kontraktion sichtbar sind; mhd. *keinwerdic.*

<a> *(salb)* für mhd. /ë/ vor gedecktem l und r[15],
<a> *(gesprachen)* für mhd. /o/,
<e> *(rechter)* für mhd. /i/,
<e> *(czwetracht)* für mhd. /i:/,
<e> *(enander)* für mhd. <ei>,
<u> *(sullen)* für mhd. /o/ vor gedeckten Liquida und vor <ch>, <ck> und <ff>.
Vereinzelt erscheinen auch <ö> und <ü>: *sulche, sölche*, <o> (nhd. <u>: *orteil, not dorfft, orteilen* für mhd. /u/.

Konsonanten

Mhd. /pf/ = Fnhd. md. <pf>, <ph>, <ppf>, <pph>, <pp>, <f>
Für die mhd. Affrikate [pf] steht in allen Positionen die Entsprechung <pf>: *pflaume, hüpfen, topf*. Gelegentlich kommt jedoch in der Initialstellung ein <f>: *fingsten* und in der Medialstellung ein <pp>: *scheppen* vor.

Im Schlesischen stehen <f>, <pf>, <ppf>, <pph>: in der Initialstellung: *pfingsten, phingsten*, (in Krzemienica auch *Tphinstage), pfunt, phert* außer in Fremdwörtern, wie z. B. *piper, papier, wo* ein unverschobenes /p/ stehen kann.

In der Medialstellung stehen nur <ppf> und <pph>: *hoppfen, Schepphen*. In den von ARNDT (op.cit., S. 68) untersuchten Denkmälern reichen sie nicht über die Mitte des 15. Jhs. hinaus. Auch <pp> ist in Breslau bezeugt in: *scheppin, copper*, was ARNDT behaupten lässt, dass die /pf/-Verschiebung völlig durchgeführt sei, außer in der Gemination, wo das unverschobene /pp/ fortbestünde.

Mhd. /t/ = Fnhd./Omd. <t>, <tt>, <th>, <d>, <dt>
Für mhd. /t/ treten im Omd. in der Initialposition regelmäßig ein <t> *(tag)* und in der Medialstellung nach Nasal ein <d> *(hinden)* auf. In der Finalstellung finden sich bei Auslautverhärtung <d> oder <dt>: *tausend, feindt*.

Im Schlesischen steht ebenfalls ein <t> in der Initialstellung: *torm, tawsent*, oder (sel ten) ein <th>, z. B. in: *thuen*. In der Medialstellung stehen <t>: *mitwoch, wirteß* und <tt>: *guttin, vorbitten*, <th>: *rathe, warthe*, oder <dt>: *gehaldten* und erst im 16. Jh. auch nach Nasal: *furgewandter*.

---

15 ARNDT, op.cit., S. 82: „Durch die Feststellung, daß a für rnhd. ë in den auf höherem Niveau stehen den Texten omd. Schriftsprache sorgfältig gemieden wird und nur unabsichtlich einmal dem Schreiber unterlauft (…) ist etwas Weiteres gewonnen. Wir haben in dem Auftreten des a innerhalb eines Textes zugleich einen Maßstab für das gesamte sprachliche Material des Textes: je stärker a vorhanden ist, umso mehr mundartliche Erscheinungen werden wir auch sonst erwarten können". Interessant sind hier die hyperkorrekten Schreibungen, wie *helden* (halten), *mit selcze* (mit Salz).

In der Finalstellung stehen: <t>, <d>, <dt>: *bekant, got, weldt, stad, stadt,* oder (seltener): <tt> *gutt* und <th>: *guth, geburth, kunth, irkanth.*

Das -et wird in der Flexion schwacher Verben nach Dentalstämmen abgeworfen: *geantwert, vorricht, uberantwurt.*

d + t verschmelzen zu einem <t>: *wirt, geret,* aber es ist auch <dt> anzutreffen: *beredt.*

t+d ergibt <tt>: *nottor.fft.*

In Zusammensetzungen verschmilzt die Doppelkonsonanz: *achtage.*

Die mhd. Verbindungen /ʃl/, /ʃm/, /ʃn/, /ʃv/

werden im Fnhd. mit <sch> + <l, m, n, v> wiedergegeben: *schlossern, geschlagen.* Im Schlesischen sind daneben auch die <s>-Schreibungen verbreitet:

<ʃm>: *goltʃmed, geʃmeide; ʃchmidt,*

<ʃn>: *ʃneider, beʃneiden,* aber auch <ʃchw>: *ʃchneider, ʃchnolcz,*

<ʃw>: *ʃwerlich, geʃworen, ʃwertern, ʃweren* und <ʃchw>: *ʃchwogers, ʃchwester, ʃchwarcze,* <tv>, <gv>.

JUNGANDREAS (1937: 13) schließt daraus, dass das <ʃ> vor Liquida und Nasalen sowie auch vor <p> und <t> schon früh als [ʃch] ausgesprochen wurde.

– Für die mhd. Verbindung /tv/ tritt neben der Entsprechung <zw>: *zwinger* in einigen Fällen <QU> *quinger* auf. ARNDT (1898: 81) sind in seinen Untersuchungen keine Belege für <kw> oder <zw> begegnet.

Nebensilben

In den Vorsilben treten Präfixe: *ge-, be-, ver-, ent-, er-, zer-, auf-, ab-* auf.

Bei ge- steht nie ein -<i>-, sondern immer ein <e>: *getrede, gehert.* Das -e- wird elidiert vor l, m, n, (w): *globt, glouben, gnade, gmeyne, gnuk.*

Bei be- ist auch kein -<i>- belegt: *bekennen, besitzin, befolin.* Vor <l> wird <e> elidiert: *bleiben, blebin;*

ver- tritt als ver-, vor-, fur- auf: *verlorn, vorlorn, furlorn,*

ent- ist belegt als *ent-, en-, em-.* En- steht in den jüngeren Urkunden noch vor Labialen: *enpfremden, enphoen, enpfangen.* Später wird n>m vor Labial: *empfangen.* Sonst: *entweren, entfuren.*

er- ist belegt als er-, (ir-), der-, dir-: *dirkannt, erfunden, erfroget, erlobet, irezeigen, derhalten, dirkennen, dirkant, dirhort.* Der d-Vorschlag ist nach JUNGANDREAS (1898: 3 f.) für bair., omd. und ostfr. charakteristisch.

zer- erscheint als zu-: *czubrochen, zurissen.*

Bei ab- wird das e- beibehalten: *abelösen.*

Mittel- und Endsilben: -ete-, -te-, -t: *wonete,*

-ele-: bei Verben tritt die Synkope des ersten e nicht ein. Das zweite e fällt oft weg: *vorsigelt*,

-ere- das erste e bleibt fast immer erhalten und erscheint oft als i, während das zweite e *versehwindet: gesundert, unsirs.*

Es ist die md. Schreibung <i> für <e> in geschwächten Silben feststellbar: *kegin, gebin, blebin, unsir, glubit, erloubit.*

Die Ableitungssilbe mhd. -reere erscheint als -er: *schuler, tewffer.*

-ei erscheint als -e- in nebentonigen Silben: *ohem, erbet, ortil, virtel, seholtis.*

-a- kommt als -e- vor: *ungern, hungerisch, achtperkeit.*

-o- wird durch -e- wiedergegeben: *geantwert, antwerten.*

-u- (mhd. langes u) erscheint als -e- in: *noekwer, nockweren.*

Bei den tontragenden Ableitungssuffixen der Abstrakta auf -heit, -keit, -schaft, -tum und adjektivbildenden Suffixen -bar, -lich, -sam bleibt der mhd. Vokalismus beibehalten. Lediglich bei -heit und -keit sind Schwankungen feststellbar: *gerechtekit, gerechteket.*

-lich, aus mhd. -līchen *(ewiglich, offentlich)* kann mit i, ei oder e erscheinen.

-ig erscheint in der mit dem nhd. Stand übereinstimmenden Form: *manchfeldig.*

-isch erscheint als -isch oder -esch: *Teschnischen,* (Teschener), *kolnesch, polnesch.*

-echt, (aus mhd. -ach; die jüngere Form ist -icht): *rutecht* (Gebüsch). mhd. -inne erscheint als -in oder -inne: *tuchlerynne, tuchleryn.*

-nis erscheint auch als -nus und -nisse: *gedechtnisse, gezewgnus.*

Diminutivsuffixe -leyn, -chen erscheinen als -leyn, -len, -chin, -chen: *dorffeleyn, fingerlen, püschlein, belchen.*

-teil wird schles. zu -til: *fürtil.*

Distributionsregeln des Frühneuhochdeutschen

Die Grundlage für fnhd. Graphemsysteme[16] bildet das im Laufe des Ahd. und Mhd. erweiterte lateinische Alphabet. Während der Kernbestand des Zeichensystems weitgehend stabil ist, lassen sich Variationen vor allem bei den Digraphen (etwa bei der Wiedergabe von Diphthongen) beobachten. Hauptentwicklungen im Verlauf des Fnhd. sind:

---

16 Im Folgenden (samt den meisten Beispielen) beziehen wir uns auf HARTWEG / WEGERA 1989: 96 ff.

1. die distributionellen Festlegungen von frei variierenden Graphien,
2. die Neufunktionalisierung von funktionslos gewordenen Graphien,
3. die Reduktion der Variantenvielfalt bei den digraphischen Repräsentationen von Diphthongen und Affrikaten,
4. die Durchsetzung der konsequenten Bezeichnung des Umlauts,
5. die Entwicklung der Großschreibung,
6. die Entwicklung von Interpunktion.

Diesen fnhd. Entwicklungen entsprechen folgende Distributionsregeln:

Distributionelle Festlegungen von frei variierenden Graphien

<i>, < j>, <y>
Während <i> und <j> im 14. und besonders häufig im 15. Jh. frei variierend (*jar: iar*) standen, richtet sich seit dem 15. Jh. die Schreibung nach der Stellung im Wort: <j> wird zunehmend initial und <i> zunehmend medial und final verwendet. Im 17. Jh. wird <j> für den Konsonanten zunächst in Drucken verwendet.

<y>, das neben der direkten Übernahme aus dem Lat., aus der Kombination von <i+j> als Ligatur <ij> > <y> entsteht, konkurriert bereits im 14. Jh. sowohl mit <i> als auch mit <j> (*yamer, kynd, ym*) und hält sich medial bis ins 17. Jh. hinein.

<u>, < v>, <w >
werden sowohl zur graphischen Wiedergabe des Vokals <u> als auch des Konsonanten <f> verwendet. Früher und konsequenter als <i> oder < j> werden beide Zeichen nach der Distribution differenziert:

<v> steht in der Regel initial,
<w> steht medial und final.
In der Mitte des 17. Jhs. tritt die Trennung in <v> für /w/ und <u> für /u/ ein. Als initiale Majuskel hält sich <v> bis über das 17. Jh. hinaus. In dieser Position steht es häufig auch für *ü (vbel)*.

Als <w> wird bis zum 16. Jh. auch <uu>, seit dem 14. Jh. zuweilen zur Repräsentation des Vokals <u>, verwendet *(zwcht)*.

Häufig ist die Verwendung von <w> als zweitem Bestandteil bei digraphischer Schreibung von alten und neuen Diphthongen <ai> - /ao/ und /oe/ (mhd. <ou> und <eu>; <au> aus mhd. <iu> (y)) anzutreffen: <aw>, <aw>, <ow>, <ew> etc.

<s>, <ß> <ʃ>
<s> und <ʃ> sind bereits mhd. distributionell verteilt:
<s> steht weitgehend nur final, ansonsten (gelegentlich aber auch final) steht <ʃ>. Im Fnhd. steht in finaler Position zunehmend nur <s>.

<ß>, das aus der Ligatur <ſs> entstanden ist, repräsentiert ursprünglich das stimmlose /s/. Durch die zeitweise weitgehende lautliche Verschmelzung vom sth. und stl. /s/ verliert <ß> seine lautliche Grundlage und kann fakultativ in allen Positionen mit <ſ>, <ſſ> und <s> variieren. Erst im 16. Jh. bildet sich eine neue Verteilung von <s> und <ß> heraus.

(Neu)funktionalisierung funktionslos gewordener Graphien

Bezeichnung vokalischer Länge:
Die Bezeichnung vokalischer Länge tritt seit dem 14. Jh., besonders im Obd. stark auf. Die bereits ahd. bekannte Vokalverdoppelung <ee>, <aa>, seltener <ii>, <oo> usw., wird beibehalten. Im Mhd. finden sich die Verdoppelungen unter obd. Einfluss erst im 16./17. Jh.

Die beiden anderen Dehnungszeichen <e> und <h> können diese Funktion (Hilfsbedeutung) erst nach dem Verlust ihres ursprünglichen Lautwertes übernehmen.

<e> ist neben <i>, <y> zunächst md. (bes. Wmd.) ein Dehnungszeichen (z. B. *jaer, rait*) und hält sich bis jetzt in Orts- und Familiennamen wie *Soest, Troisdorf, Traiskirchen, Voigt.*

Nach der md. Monophthongierung von /ie/ zu /i:/ wird das funktionslos gewordene <e> als früherer Bestandteil des Diphthongs zum Dehnungszeichen von /i:/ umfunktioniert, während es nach anderen Vokalen als Dehnungszeichen schwindet.

<h> erscheint im Mhd. des 12. Jhs. gelegentlich als Dehnungszeichen, setzt sich aber erst im 16./17. Jh. nach dem Verlust seines Lautwertes durch.

Bezeichnung vokalischer Kürze:
Die Doppelkonsonanz dient im Fnhd. zunehmend zur Markierung der relativen Kürze des vorangehenden Vokals, was jedoch nicht konsequent angewandt wird. So trifft man die Doppelkonsonanz auch noch in anderen Umgebungen an: *wortte, teuffel.*

Durchsetzung der Umlautbezeichnung

Die Umlautbezeichnung, ausgenommen den mit <e> bezeichneten Primärumlaut, unterbleibt z.T. bis ins Fnhd. Es gibt landschaftlich begrenzte Bezeichnungen mit einem anderen Vokal oder mit Diakritika.

Im 14. Jh. werden im Md. nur die Umlaute von a <e> und <ou> bzw. von au, ou <eu> bezeichnet (soweit diese nicht monophthongiert wurden). Im 15. Jh. wird die Umlautbezeichnung in Teilen des Wmd. durchgeführt. Im Obd. ist

das System zur Umlautbezeichnung im 15. Jh. bereits schon ausgebaut und die sog. Primär- und Sekundärumlaute werden im Bair. und Schwab. tendenziell graphisch unterschieden: <e> für den
Primärumlaut, <a> bzw. <a> für den Sekundärumlaut. Im sonstigen obd. variieren die Zeichen <a> und <e> zumeist frei.

Der diphthongische Umlaut von uo wird tendenziell vom monophthongischen Umlaut graphisch unterschieden: <ů> vs. <ü>.

Im 16. Jh. ist die Umlautbezeichnung im Omd. bereits eingeführt; gegen Ende des Jahrhunderts gibt es im gesamten Sprachraum ein einheitliches System der Umlautbezeichnung. Die Variante <a> hat sich gegenüber dem konkurrierenden <e> nahezu vollständig durchgesetzt. Im 17. Jh. ist die Bezeichnung beinahe einheitlich: Alle Umlaute werden durch ein überschriebenes kleines <e> bezeichnet, bei initialer Majuskel wird <e> nachgestellt: <Ae>.

Mit dem Verzicht auf die diphthongische Schreibung hat sich <u> auch im Obd. als Umlautbezeichnung für das umgelautete u durchgesetzt. Bei initialem ü <u> bzw. <v> fehlt die Umlautbezeichnung bis ins 17. Jh.

Variation und Variantenreduktion im Bereich der Digraphien

Die alten und neuen Diphthonge: *au, öu, ei, au, eu, ei* werden durch Digraphien wiedergegeben. Bei der Vielfalt der graphischen Wiedergabe lassen sich zumindest drei Arten der Variabilität feststellen:

– au (mhd. *öu*) und eu bzw. äu (mhd. <iu> > /ü/) sind in der nhd. Standardsprache zu /oe/ verschmolzen. Da dies die Mundarten nur ausnahmsweise durchführen, bleiben <öu>-Schreibungen noch lange Zeit (insbes. im Alem.) im Gebrauch.

– Die gleiche Ursache führt zur Unterscheidung von <e>- und <a>- Formen, die im Laufe des Fnhd. in eine grammatisch-etymologische Unterscheidung übergeht: <äu> steht immer als morphologischer Umlaut von <au>.

Den zweiten Bestandteil der Digraphie bildet die bereits dargestellte Varianz von <u, v, w>.

– Die individuellen bzw. usuellen Versuche der Wiedergabe des zugrundeliegenden Lautwertes des Diphthongs durch Diakritika bei den <eu> und <oi>-Formen, bzw. die Art der Wiedergabe (Punkte, Ligatur, überschriebene Vokalzeichen) resultieren in einer Fülle von Varianten in Handschriften und frühen Drucken:

mhd. <iu> /ü/   mhd. <au>

<eü, eu, eù, ew, ew, eů, eu, eu, ëw, ew, ëu> <oi, oy, oi, œi, öi, *ou,* ow, oü, oü>
<au, äu, œu, äw, äu, au, aü, aw, aw>

Im Verlauf des Fnhd. werden die Varianten reduziert, im 17. Jh. sind bereits überwiegend einheitlich <au> (morphologischer Umlaut von au) und <eu> belegt.

Affrikaten

zeigen, besonders in den frühen Handschriften, eine starke Variation der schriftlichen Wiedergabe:

[ts]: <tz, cz, tcz, tzc, czz, czc, zcz, czcz, czzc> u.dgl.,
[pf]: <pf, ph, pff, ppf, ppff, phf, pfu, fph> etc.,
[kx]: <kh, ckh, kch, chk, gkch, gkh> etc.

Entwicklung der Großschreibung

Bereits im 15. Jh. erscheint die Majuskel am Satzbeginn. Seit dem 13. Jh. und
insbesondere im 15. und 16. Jh. kann grundsätzlich jedes Substantiv groß geschrieben werden.

Abkürzungszeichen

Neben dem Abkürzungspunkt erscheinen im Fnhd. auch der Doppelpunkt und
Nasalstrich (oder ~ über einem Vokal oder Nasal), der für ein <n>, seltener für
ein <m> steht. *(segē* für *segen, vñ* für *und, um̃* für *umb* oder *m̃* für -mm-)

In den Handschriften wird auch ein hoch- oder nachgestelltes -r-, -er- Kürzel
(ꝛ) für -r bzw. -er *(ja', wasse', kind'n, od'* udgl.) verwendet.

Schreibgewohnheiten von Balthasar BEHEM

Als Balthasar BEHEM den Auftrag bekam, sämtliche Krakauer Urkunden in einem neuen Kodex zusammenzufassen, nahm er sich u.a. den um das J. 1375
angelegten *Codex Privilegiorum* zum Vorbild. (Beim Vergleich vom *Codex Privilegiorum* und dem *Codex Picturatus* aus dem J. 1506 fällt auf, dass die ersten 42
Privilegien des *Codex Privilegiorum* in derselben Reihenfolge in Behems Sammlung vorkommen, sodass gleich die Vermutung aufkommt, Behem hätte sich in
seinem Werk auf den *Codex Privilegiorum* gestützt. Auch Behem selbst beruft sich
wahrscheinlich auf ihn, wenn er ab und zu die Bemerkung macht: *Prim um in
signatura et numero privilegiorum.* Außerdem wurden die Urkunden Nr. 15 und
22 sowie auch verschiedene Willküren und Juramenta von Behem weggelassen,

weil sie schon im *Codex Privilegiorum* durchgestrichen und für ungültig erklärt worden waren *(quia cancellatum est in Registro)*. Weiter spricht dafür auch die Tatsache, dass die den Kopisten im *Codex Privilegiorum* unterlaufenen Fehler, so z. B. in der Urkunde von Trojden aus dem J. 1311 (F. 84 im CP: *Troy/den/ … dux Seczechoviensis statt Sochaczoviensis,* die Stadt *Czirnscz* als Benennung für Czersk), auch von Behem wiederholt worden sind. Dabei sind Behem eigene Fehler unterlaufen, die sich nicht im *Cod.Priv.* befinden. Wenn wir den *Cod.Priv.* als Muster für den I. Teil des Kodex von B. Behem betrachten (was nach ESTREI-CHER 1936 als bewiesen gelten kann), so müssen wir im Falle identischer Sätze die von Behem eingeführten Änderungen in der Schreibung als Resultat seiner bewussten Entscheidungen ansehen. So z. B.:

Codex Privilegiorum 1375:
F.173: *Vortmer habn^si gewilkürt daz wenne eyn yczlich^ burgher si gesessin am Rynge adir of der gasse allenthalbin wo her ziczt wenne her czweymol vor syne^ erbe syne brucke macht vnd gebessirt vorbas* (durchgestrichen: *sal sich di stat des vndirwindin czu machen vnd gancz czu haldin vnd nymant andirs). Dy stat sal ym sant vnd stein czu hulfe gebin vnd her sal selbir do von lonen.*

Codex Picturatus 1506:
F. 235r: *Ein itczlicher burger her zey gesessen am ringe ader yn der gassen allent-halben wenn^ her czwir zeine brucke gemacht hot Jort mer zal ym dy Stad zandt vnd steyne czw hülffe gebn^ vnd h' zelber von d' arbet lone^.*

Codex Privilegiorum 1375:
F: 175: *Daz wenne füyr uskumt an welchin enden der stat daz si so sullen alle was-sirfürer gereyt sin mit wassir vnd wer der erste mit wassir keme dem sal ma^ vom rothuse eyne virdunk gebn^ vnd dem anderm nest dom och vi^ grosch^ vnd dornoch allen den dl dornoch wassir brechtin den sal man von yczlichim vasse II gr geben.*

Codex Picturatus 1506:
236v: *Wenn Jewr^ awskompt an welchm^ ende der Stad das zei zo sullen alle was-serfürer bereit zein mit wasser vnd wer der erste mit wasser qweme dez zal man vom rothhawsz ein firdung geben vnd dem andern^ nehst dornoch sechs groschn^ vnd dornoch allen dy wasser brengen von eine^ idern^ fasse 2 gr^.*

Codex Privilegiorum:
F. 177: *Daz dy herren habin mit keginwortigunge der eldstin betracht vnd bedocht manchin schaden der von branden in der stal entstvnde gemeynlichin went vor forcht dy leute do füyr vskommet entwichin heymlichin vnd lassin fuyr obirhant nemen daz dicke in begynnen vorloschen mochte werden wen daz beschrigin wurde*

vnd van den leutin geoffinbarit wurde. Vnd habin sulche saczczvunge vnd willkur gemacht czu halden festiclichin daz iczlichir syn fuyr daz czu ym vskommet be-schreyn sal vffintlichin vnd nicht flyen. Tet des adir ymant nicht vnd syn fuyr nicht beschrige der selbe sal der stat I mark bussen dorvmm^e sal iczlich man schuldig syn seyn fuyr czu beschreyn itczlich man phlichtigk czw beschreyn awff das is nicht oberhanndt neme.

Codex Picturatus:

F. 236r: dy herr^ n rothmann^ mit kegenwertigkeit der eldstn^ haben betracht vnd bedacht manchen schaden der von branden yn der stad offt geschit das lewt^ das nicht offenbarn^ var forchte vnd entweichen vnd lossen fewr^ oberhanndt nemen das dach offte yn anbegynnen gerynglich gelesschet möchte werdn^ zo is beschrigen worde vnd geoffenbaret den lewtn^ vnd haben sulche satczvnge vnd wilkör gemacht vnd beschlossen festiglichn^ czw halden Igneclamare Ein itczlicher czw deme do fewr^ awskommet der zal is offentlich aws schreyen vnd nicht phlyen tet her das ader nicht vnd zeyn fewr^ nicht beschrige der zelbe zal der Stad vorbussen dorvmb^ ist ein vor fuyer tur vffintlichin so daz fuyr nicht vbir hant neme.

Zusammenfassung

Die Erklärung für den Gebrauch der deutschen Sprache in der damaligen Haupt-stadt Polens liegt bekanntlich in der Ausbreitung der omdt. Verkehrssprache, die zuerst von deutschen Kolonisten in Schlesien verwendet wurde und darüber hi-naus vom deutschen Bürgertum und durch viele Handwerker deutscher Abstam-mung in die Städte Kleinpolens gelangte. Die Sprache zahlreicher schlesischer und deutscher Bürger, die nach der Verleihung des Magdeburger Rechts nach Krakau geströmt waren, fand also Eingang in die bis dahin weitgehend auf Lateinisch ge-führten Aufzeichnungen, um schließlich durch das Polnische abgelöst zu werden.

Literatur

Arndt, Bruno (1898): *Der Übergang vom Mhd. zum Nhd. in der Sprache der Bres-lauer Kanzlei*, Breslau.

Duda, Barbara/Kaleta-Wojtasik, Sławomira. (2000): *Die deutschsprachige Periode der Krakauer Kanzlei*, in: Grucza, Franciszek (Hrsg.): *Tausend Jahre polnisch deutsche Beziehungen. Sprache – Literatur – Kultur – Politik. Materialien des Millennium-Kongresses 5.–8. April 2000*, Warszawa, S. 348–384.

Estreicher, Stanisław (Hrsg.) (1936): *Antiquum Registrum Privilegiorum Et Sta-tutorum Civitatis Cracoviensis. Najstarszy zbiór przywilejów i wilkierzy Miasta*

Krakowa. Polska Akademia Umiejętności, Warszawa – Kraków – Łódź – Poznań – Wilno – Zakopane.

Fleischer, Wolfgang (1966): *Strukturelle Untersuchungen zur Geschichte des Neuhochdeutschen* Berlin.

Friedberg, M.arian (1955): *Kancelaria miasta Krakowa do połowy XVIII w.*, in: Archeion 24 (1955), S. 277–304.

Jungandreas, Wolfgang (1937): *Die Geschichte der schlesischen Mundart im Mittelalter: Untersuchungen zur Sprache und Siedlung in Ostmitteldeutschland*, Breslau 1937, Nachdruck Wiesbaden 1987.

Kaleta, Sławomira (1999): *Entlehnungen aus dem Polnischen in deutschsprachigen Urkunden der Krakauer Kanzlei des 14.–16. Jahrhunderts* [in:] Kłańska, Maria/ Wiesinger, Peter (Hg.), *Vielfalt der Sprachen. Festschrift für Aleksander Szulc zum 75. Geburtstag*, Wien, S. 63–86.

Kaleta, Sławomira (2004): *Graphematische Untersuchungen zum Codex Picturatus von Balthasar Behem*. Kraków.

Piirainen, Ilpo Tapani (1980): *Frühneuhochdeutsche Bibliographie. Literatur zur Sprache des 14.–17. Jahrhunderts*, Tübingen.

Ptaśnik, Jan (1934): *Miasta i mieszczaństwo w danej Polsce*, Kraków.

Wiesinger, Peter (1980): *Deutsche Sprachinseln*, in: *Lexikon der Germanistischen Linguistik*, Tübingen, S. 491–500.

Wiktorowicz, Józef (1997): *Die deutsche Sprache in Krakau im 16. Jahrhundert*, in: Grabarek, Józef/ Greule, Albrecht/ Piirainen, Ilpo Tapani (Hrsg.) *Deutschsprachige Kanzleien des Spätmittelalters und der Frühen Neuzeit*, Bydgoszcz, S. 101–108.

Wiktorowicz, Józef (1981): *System fonologiczny języka niemieckiego ksiąg miejskich Krakowa w XIV wieku*, Warszawa.

Wiktorowicz, Józef (1984): *Graphematische Analyse der deutschen Sprache in den Krakauer Stadtbüchern des XIV. Jahrhunderts* [in:] Zeitschrift für dt. Philologie, Bd. CIII, H. 3, S. 407–420.

Wiktorowicz, Józef (1995): *Die deutsche Sprache in den Krakauer Stadtbüchern des 15. und 16. Jahrhunderts*, in: *Chronologische Areale und situative Varietäten des Deutschen in der Sprachhistoriographie, Festschrift für Rudolf Große*, hg. von Lerchner, Gotthard/ Schroeder, Marianne/ Fix, Ulaa, Frankfurt/M., S. 228–235.

Piotr Owsiński (Kraków)

Das Schlesische in Krakau – Versuch einer graphematischen Analyse der *Krakauer Hutmacherstatuten*

Abstrakt: Es wird eine graphematische Analyse der *Statuten der Krakauer Hutmacher* aus dem 14. Jh. durchgeführt, indem die Fragestellung der Phonem-Graphem-Relation erörtert wird. Aufgrund der Untersuchung werden die sprachlichen Merkmale des omd. Dialektkreises in seiner schlesischen Tradition festgestellt und mit Beispielen belegt.

Schlüsselwörter: Kanzleisprache, Krakau, Sprachmerkmale, Graphemik, Ostsiedlung

> *Unser Wissen um die Vergangenheit ist immer beeinträchtigt, ja verkümmert.*
> *Es kann niemals vollständig sein, weil das Schicksal – der blinde Zufall –*
> *mit fester Hand Regie über Dokumente und Zeugnisse führte.*[1]
>
> Paweł Jasienica (1909–1970)

Dieses Motto nach Paweł Jasienica[2] offenbart die Wahrheit der Sprachhistoriker. Wir können uns nur mit dem beschäftigen, was den Lauf der Zeit überstand. Manchmal ist es aber auch unsere Aufgabe, die Vergangenheit anhand ihrer Spuren in der Gegenwart nachzustellen. Diese Überreste können unterschiedlicher Natur sein: bei der Sprache sind das selbstverständlich Schriftdenkmäler. Sie lassen sich als ein Spiegel betrachten, in dem die vergangenen Geschehnisse mit ihren diversen Umständen sichtbar werden. Die alten Texte sind also unsere Matrizen, die mannigfache Informationen preisgeben.

Der vorliegende Beitrag behandelt eher die Form „der Verzauberung dieser Mitteilungen" und nicht den Inhalt selbst. Die Entzifferung der Schreibgewohnheiten des Schreibers von *Statuten der Krakauer Hutmacher* aus dem 14. Jh. ermöglicht, die sprachlichen Realien in der damaligen Hauptstadt Polens kennen zu lernen; dies umso mehr, als historische Texte keine orthographische Regelungen aufweisen und somit derart gestaltet wurden, um bestimmte Inhalte fixieren oder einfach weitergeben zu können.

---

1 „*Nasza wiedza o przeszłości zawsze jest ułomna, nawet szczątkowa. Nigdy nie może być pełna, bo wśród dokumentów i zabytków wszechmocnie gospodarzył los, ślepy traf.*" Paweł Jasienica / übersetzt von P.O.

2 Paweł Jasienica (1909–1970) – polnischer Historiker und Schriftsteller.

Schriftliche Texte werden produziert, um sprachsystematische Repräsentationen verfügbar zu machen. Das Ziel der Schriftsystemanalyse ist es folglich zu erklären, mit welchen Mitteln schriftliche Texte dies vermögen, oder anders gesagt: warum >Texte< so geschrieben werden, wie sie geschrieben werden. (Neef 2005,8)

Im Falle der Sprachgeschichte darf man keinesfalls die außersprachlichen Faktoren außer Acht lassen, denn die Sprache eines gegebenen Textes „[…] ist ein Ergebnis der Auseinandersetzung der Mundart des Schreibers, jener Schriftsprache, die dieser erlernt hat, des Usus der Kanzlei, der mehrmals abgeschriebenen Vorlage und – was oft vergessen wird – des Usus beim Empfänger." (Chromik 2010: 27).

Was die sprachliche Situation Krakaus im Mittelalter anbelangt, so ist anzunehmen, dass es eine Stadt war, wo Deutsch gesprochen wurde, was mit der Ostkolonisation in engem Zusammenhang steht.

Die Erklärung für den Gebrauch der deutschen Sprache in der damaligen Hauptstadt Polens liegt in der Expansion deutscher Siedler aus verschiedenen deutschen Sprachlandschaften östlich von Elbe und Saale. Die omdt. Kolonialmundart, die sich allmählich zur Verkehrs- und Geschäftssprache entwickelte, wurde auch in Schlesien und darüber hinaus vom deutschen Patriziat und von vielen Handwerkern deutscher Abstammung in den Städten Kleinpolens verwendet. Nach Kraków mussten nach der Verleihung des Magdeburger Rechts seit Mitte des 13. Jh. zahlreiche Bürger aus Schlesien und dem Deutschen Reich eingewandert sein und ihre Sprache fand Eingang in die bis dahin weitgehend lateinischen Aufzeichnungen der Krakauer Stadtbücher. (Kaleta 2004: 32)

Der hochmittelalterliche wirtschaftliche Aufschwung darf aber auf keinen Fall als ein plötzliches Eindringen des Deutschen in die östlichen Teile Europas wahrgenommen werden. Es war eher eine Fortsetzung von Ereignissen, die schon früher anfingen, d.h. im 8. und 9. Jh. zur Zeit Karls des Grossen oder im 10. Jh., zur Zeit Kaiser Otto I., eingesetzt hatten.

Diese Vergrößerung von Grenzen des deutschsprachigen Gebietes darf auch nicht eindeutig negativ beurteilt werden, weil die Kolonisation auch ihre positiven Seiten hatte.

Zweifelsohne haben z.B. die polnische und die tschechische Sprache zu Gunsten des Deutschen an Raum verloren, was die Folge der Germanisierung war. Es sei jedoch bemerkt, dass die Germanisierung oft nicht nur unter Zwang erfolgte. Viele Slawen wandten sich freiwillig dem Deutschtum zu, denn dies bedingte den gesellschaftlichen Aufstieg, […]. Die deutschen Kolonisten brachten aber auch Fortschritt ins Land, und zwar in allen möglichen Bereichen des Lebens (Innenpolitik, Rechtswesen, Wirtschaft und Alltagsleben). Die Ostkolonisation hat also die wirtschaftliche und gesellschaftlich-kulturelle Entwicklung dieser Gebiete beschleunigt. […] Die Bauern hofften auf Befreiung von drückenden feudalen Lasten, die Handwerker auf Freiheit in den neuen Städten sowie günstigere Produktions- und Absatzmöglichkeiten. Alle suchten nach einer gesicherten Existenz. […] Auch für die Siedler war die Volkszugehörigkeit ihrer neuen Obrigkeit unwesentlich, sie interessierten in erster Linie für die ökonomischen Bedingungen, die ihnen das neue Land anbot. (GRABAREK 2004: 511f.)

Es ist also unbedingt erforderlich, die Kolonisation als einen Modernisierungsanstoß zu betrachten, der zu demographischen und wirtschaftlichen Veränderungen führte. Die großen polyzentrischen Siedlungen städtischen Charakters, die nach dem Magdeburger Recht und dessen Modifikationen in der Nähe der wichtigsten Burgen (Krakau, Breslau, Posen, Gnesen, Płock) entstanden, sind die Beweise für die Entwicklung der damaligen Umstände (vgl. WÓŁKIEWICZ 2016).

1 Zum Korpus

Die im Titel des Beitrags genannten *Statuten der Krakauer Hutmacher* kommen aus dem 14. Jh. und wurden am 22. Dezember 1377 in die Stadtbücher eingetragen, was auch aus den Initialzeilen des Statuts hervorgeht:

> *Dy Satczunge hernöch geschriben haben dy herren dy rothmannen der Stad Crakow den Hutteren vnd irer czeche, gegeben vnd bestetiget des Iores dreyczenhundert vnd yn dem Siben vnd Sibenczigesten Iore am nehsten tage noch Sant Thome des heiligen czwelffpoten..* (PIEKOSIŃSKI 1882: 385)

Bezüglich Großschreibung und Abkürzungszeichen finden sich in unserem Text sowohl Majuskeln als auch Minuskeln. Leider lässt sich die Konsequenz ihres Gebrauchs nicht bestimmen. Mit Sicherheit findet man die Großbuchstaben konsequent am Satzanfang vor. Sie sind auch in Personennamen *(Sant Thome)* und Ortsbezeichnungen *(Crokaw, Crakow)* sichtbar. Sonst werden sie sehr unregelmäßig gebraucht. Es scheint aber, dass die Majuskel im Wort *Rothmannen* der Betonung der Majestät der Einrichtung – also des Stadtrates – dient. Ein paar Zeilen darunter trifft man aber dasselbe Wort mit einem initialen Kleinbuchstaben an: *rothmannen*.

Im Text wurde nur ein Abkürzungszeichen festgestellt. Gemeint ist hier die für das Wort *Groschen* stehende Abbreviatur *gr.*, die mit einer Zahl die Höhe der eventuellen Bußgelder bestimmt.

Im vorliegenden Beitrag wollen wir auf die Beziehung von Graphemen zu den angenommenen Phonemen des Mittelhochdeutschen / Frühneuhochdeutschen eingehen, z. B. kann (i)[3] ein Allograph des mhd. Graphems <ie> sein. Bei den Komposita werden die Stellungen von Graphemen untersucht, indem man sie in bestimmten Positionen festmacht. Daraus ergibt sich, dass sie nicht getrennt

---

3   Die Grapheme treten in spitzen Klammern auf, während ihre in unserem Korpus angetroffenen Allographen in runde Klammern gesetzt werden.

verzeichnet werden, so dass der Unterschied zwischen absolutem und gedecktem
An- und Auslaut nur in den konkreten Exempeln sichtbar wird.

Der Korpus ist der frühneuhochdeutschen Epoche (1350–1650) zuzurechnen
und nach einer Untersuchung von WIKTOROWICZ lässt er sich sprachgeogra-
phisch dem omd. Gebiet, insbesondere der schlesischen Tradition, zuordnen (vgl.
WIKTOROWICZ 2011: 25 / 63 / 73), weil er folgende sprachliche Haupteigenschaf-
ten feststellt (vgl. WIKTOROWICZ 2011, 25f):

a) die Monophthongierung der mhd. Diphthonge zu langen Vokalen /ie, uo,
   üe/ > /i:, u:, y:/;
b) die mhd. langen Vokale /i:, y:, u:/ tauchen noch als Monophthonge auf;
c) die Senkung der mhd. kurzen /ɪ, ʏ, ʊ/ > /e, œ, ɔ/;
d) im Konsonantismus: die obd. Affrikate /pf/ wird im Anlaut als /f/ und im
   In- oder Auslaut als /pp/ wiedergegeben (vgl. WIKTOROWICZ 2011: 63);

Beim Schreiber unseres Statuts lassen sich die oben genannten Sprachmerkmale
bemerken, obwohl auch Abweichungen von den von WIKTOROWICZ genannten
Charakteristika zu finden sind: z. B. die durchgeführte und in der Schreibung
fixierte Diphthongierung der mhd. langen Vokale.

Das tonlose [ə] im Auslaut erscheint immer als schles. <e>:

gesetcze; Satczunge; czeche; Iore; tage, firczentage; dinge; Schawe; hutte; schocke; busse;
besserunge; wäre ‚Waren‘; nutcze; ferre; stucke; lergyoren; stete; montage; orte; frawe; gesinde;
leyche; vorbrwunge; gutte ‚Güter‘;

fynde; derwuschte; worde (Konj.); gewynne; mache; wolle; bleybe; habe; were (Konj.);
geschege, geschee; möge;

denne; wenne; vmbe, dorvmbe; alle; welche; idermanne;

weysze; weyze; erste; dritte; firde; yunge; obrige;

Alle anderen Nachsilben <-el, -em, -en, -er, -et, -es> (außer <-ec>) enthalten
ebenfalls ausnahmslos das <-e->:

<-el>:   vbelhandelunge, vbelhandelt;
<-em>:   falschem; eynem, einem; offembaren, offembart; itczlichem;
<-en>:   heren, herren; Rothmannen, rothmannen; willen; Hutteren; czwelffpo-
           ten; grosschen; czechen, Leychczechen, leychczechen; Knappen; meister-
           stucken, stucken; Hesen; zocken; kegenwertikeyt; lereyoren;
           gegeben, geben; halden, haldten, offhaldten, gehaldten; geschriben; ha-
           ben, gehaben; oberkommen; mitvaren; geweren; vor schawen; bussen;
           gestolener, gestolen; kawffen; brengen; generen; gonnen; beweyzen; ge-
           staten; erbeiten; werden; geloben; wyssen; vndergeschriben; egenanten;

>*machen, los machen; kundigen; vordingen; lossen; steen; entphremden; getragen; offembaren, offenbaren; aws genommen; Vorboten; schaffen; vor czwzeen;*
>
>*Siben, Sibenczigesten; ersten; nehsten; heiligen; rechten; anderen, andern; guten, gutten; rawen; Iungen, yungen; firczehen; awslendeschen; eynen; einen;*

<-er>:   *Hutter, Hutteren; irer; keyner; vnder, vndergeschriben; ader; oberkommen; welcher; meister, gemeystert, meisterheit, meisterstucken, meisterstuck, czechmeister; gestolener; sunder, zunder; anders; anderen; ander; andern; suliher; zewberlich; einer; biber; lenger; vesper; idermanne;*

<-et>:   *bestetiget; gibet; duncket; beweybet; gesatczet; losset; vorschweyget; entfremdet;*

<-es>:   *welches; Iores; Sibenczigesten; eines; lichtes;*

Die Nachsilbe <-ec> wird hingegen zu (-ig) bzw. (-ik): *bestetiget; Sibenczigesten; heiligen; kegenwertikeyt; kundigen; obrige.*

Die Schreibung von *offembaren, offembart* und *offenbaren* zieht noch zusätzlich unsere Aufmerksamkeit auf sich, weil die in der Schreibung fixierte Assimilation /n+b > m+b/ an den zwei ersteren Beispielen sichtbar ist, während der andere Beleg keine solche Erscheinung aufweist. Im Indefinitpronomen *anderen* vs. *andern* fällt noch die Synkope des [ə] in der auslautenden Silbe auf.

Die Vorsilben <be-, ge-, er-> werden immer mit einem <-e-> realisiert:

<be->:   *bestetiget; beweyzen; beweybet; besant;*

<ge->:   *gesetcze; gehorzam; gesinde;*
         gegeben; geschriben; geweren; gestolener, gestolen; gemeystert; generen; gehaldten; gestaten; gewynne; geloben; gewilkort; gesatczet; vndergeschriben; egenanten; gewest; getragen; geschege, geschee; aws genommen; vngerecht;
         gleich (Synkope)

<er->:   *derwuschte;*

<ver-> wird in unserem Textkorpus immer als <vor-> wiedergegeben: *vorkowfft; vorarmt; vordingen; vorschweyget; vorbrwunge; Vorboten; vor czwzeen*, was für das Omd. kennzeichnend ist und in Einklang mit den Untersuchungen von WIKTOROWICZ steht (WIKTOROWICZ 2011: 73).

2 Vokalismus

Das mhd. /a/ = schles. <a>, (o), (e), (ä) begegnet man im Wortanlaut (a) *aldt; am; als; also; anders, anderen, andern, ander; vorarmt; alle* außer einem Beleg: *erbeiten,* wo (e) angetroffen wird, was wieder kennzeichnend für das Schlesische ist. In der medialen Position erscheinen hingegen:

(a): *Das; das; Crokaw; Crakow; Rothmannen; rothmannen; man; kawffmans; halden; haldten; offhaldten; gehaldten; Satczunge; gesatczet; haben; habe; gehaben; Stad; tage; firczentage; montage; Sant; falschem; falsch; man (Pron.); manch; harnesch; Knappen; gar; mag; gestaten; mache; machen; los machen; wachs; vbelhandelunge; vbelhandelt; Halb; getragen; besant; schaffen;*
(o): *hot* ,(er) hat';
(e): *harnesch; Hesen;*
(ä): *wäre* ,Waren';

Das mhd. /a:/ = schles. <a>, (o), (ö) tritt nur in den medialen und finalen Stellungen auf. Im Inlaut wird realisiert als:

(a): *mitvaren; par;*
(o) bzw. (ö): *Rothmannen, rothmannen; hernöch; Iores, Iore, lereyoren; noch* ,nach'; *dor bey, dorvmbe, dor noch; par; lossen,* woran man die Tendenz zur Rundung und Hebung zum omd. /o:/ sehen kann.

Die schwere Ableitungssilbe <-bāre> (= nhd. *-bar*) kommt schon in ihrer nhd. Form vor: *offembaren, offembart, offenbaren.*

In der finalen Position trifft man nur einmal auch die gerundete Variante (o) an: *do.*

Das mhd. /ę/ und /ɛ/ = schles. <e> steht im Anlaut: *entphremden; entfremde* und in der medialen Position: *der; den; des; dem; gesetcze; welches; welcher; welch; welche; hernöch; czeche; czechen; czechmeister; Leychczechen; leychczechen; dreyczenhundert; czwelffpoten; denne; helt; sechs; besserunge; brengen; generen; wenne; nemlich; kegenwertikeyt; lenger; firczehen; stete; vesper; entphremden; entfremdet; awslendeschen.*

In diesem Kontext fällt uns die schles. Senkung auf, die man am Beispiel des Verbs *brengen* bemerken kann, wo mhd. /ɪ/ zu /ɛ/ gesenkt wurde.

Das mhd. /ë/ = schles. <e>, (y) wurde nur im Wortinlaut festgestellt, wo es ausnahmslos mit (e) ausgedrückt wird: *heren; herren; gegeben; geben; rechten; vngerecht; recht; burgerrecht; geweren; wer; ferre; werden; ernst; gewest; geschege; geschee; vor czwzeen.* In initialer Stellung stellt man es in Gestalt (y) im Pronomen ,es' *(ys)* fest.

Das mhd. /e:/ = schles. <e> (germ. *ai* > vorahd. *ai* > ahd. *ē* > mhd. *ē*) kommt in der Initial- und Medialstellung vor, wo es mithilfe von (e) realisiert wird: (Anlaut) *ersten; erste; erlich; egenanten; ee;* (Inlaut) *dreyczenhundert; firczentage; her; mer; Vortmer; lereyoren.*

Das mhd. /æ/ = schles. <e> (Sekundärumlaut) begegnet nur in der medialen Stellung, wo es als (e) erscheint: *bestetiget; nehsten; burgerrecht; burger; were* (Konj.).

Das schles. <e> repräsentiert auch das durch Monophthongierung des mhd. <ei>, <ey> entstandene /e:/: *Hemlichkeit, hemlichkeit, hemlichkeyt* oder *czwe*, was wieder für die schlesische Mundart symptomatisch ist, wofür auch KALETA Beweise in ihrer Analyse des *Codex Picturatus* von BALTHASAR BEHEM fand. Mit <e> bezeichnet unser Schreiber auch das Produkt der schlesischen Kontraktion <-ege->, was er allerdings nicht konsequent vollzieht: *geschee* vs. *geschege* (vgl. auch KALETA 2004: 90).

mhd. /ɪ/ = schles. <i>, (y), (e)

Das Graphem und seine Varianten erscheinen in der Initial- und Medialstellung: (Anlaut) *ist, yst; yn* (Präp.); (Inlaut) *wilkor; gewilkort; willen; geschriben; dinge; dingk; fynde; derwuschte; mitvaren; mit; sint; hyn; wyl; sich; gewynne; wyssen; vndergeschriben; biber; dritte; vordingen; schympff; gesinde; nicht; wirt.*

Die schwere Ableitungssilbe <-lich> wird als (-lih) oder (-lich) wiedergegeben: *suliher; zewberlich; nemlich; itczlichem*, wohingegen die Silbe <-isch> nur einmal als (-esch) realisiert wird: *awslendeschen.*

Das durch Dehnung entstandene /i:/ wird durch <i> oder <y> im Anlaut: *yn* ,ihnen'; *irer; ym; yn* ,ihn' und durch <i> im Inlaut: *Siben; Sibenczigesten; gibet* realisiert.

Das mhd. /i:/ (< mhd. /ie/ < ahd. /ia/, /io/) = schles. <i>, (y) erscheint in allen drei Positionen, wobei es im An- und Inlaut durch <i> und im Auslaut mithilfe von (y) realisiert wird:

idermanne; itczlichem
firdung, firde; firczehen; firczentage; lichtes;
Dy; dy; zy; sy;

In Anlehnung an KALETA, die sich wieder auf JUNGANDREAS stützt, sind die Schreibungen mit (i) oder (y) für das östliche Schlesische und Mährische kennzeichnend, während man im Nordwesten eher <ie> gebrauchte (vgl. KALETA 2004: 92).

Das mhd. /i:/, das später zu /ai/ diphthongiert wurde, erscheint durchweg als Diphthong, der die Gestalt <ei> oder <ey> annahm:

medial: *zeyn* (V.); *zeyn* (Pron.); *weysze; weyze; beweyzen; gleich; beweybet; bleybe; czeit; vorschweyget; Leychczechen; leychczechen; leyche;*

final: *dreyczenhundert; bey, dor bey; sey, zey;*

Das mhd. /ʊ/ = schles. <u>, (v), (w), (o)erscheint nur in der initialen und medialen Stellung. Initial tritt es als (v) auf: *vnd; vnder, vndergeschrieben; vmbe; dorvmbe.*
Im Inlaut findet man dagegen <u>, (w) und (o) vor:

<u>: *Iungk; Iungen; yungen; yunge; dreyczenhundert; duncket; sunder; zunder;
suliher; meisterstucken; meisterstuck; stucken; stucke; phunt; burgerrecht;
burger;*
<w>: *czwm, Gzwm* ,zum';
<w>: *wilkor; gewilkort,* wobei LEXER bemerkt, dass die Schreibungen mit (u) und
(o) typische Merkmale des Mitteldeutschen seien (vgl. LEXER 1986: 321).

Bei der Verneinung <un-> ist ebenfalls <v> anzutreffen: *vngerecht* und in der
schweren Ableitungssilbe <-unge> findet man immer <u> vor: *Satczunge; besserunge; firdung, vbelhandelunge; vorbrwunge.*
   Das mhd. /u:/ [schles. <aw>, (o)], das dem späteren Diphthongierungspro-
zess unterlag, erscheint schon in Form des Diphthongs in der medialen Position
(*bawsze*) sowie im Anlaut in den Präfixen <uf-> und <zu->: *aws, aws genommen,
awslendeschen.* Man kann jedoch vermuten, dass die schriftliche Gestalt von Le-
xemen *offhaldten* und *broch* ,Brauch' keine Diphthongierung aufzeigt, weil der
Diphthong mithilfe von <o> ausgedrückt wird. Man könnte also annehmen, dass
das Resultat dieses Diphthongierungsprozesses noch keine endgültige Wieder-
spiegelung in der Schreibung fand, zumal die Diphthongierung erst seit dem 15.
Jh. in den omd. Texten der sächsischen Kanzlei bezeugt ist. Man darf allerdings
nicht vergessen, dass die Diphthongierung schon im 12. Jh. im Süden des deutschsprachigen Gebiets (Kärnten) begann, wenn wir die Monogenese des Prozesses
berücksichtigen wollen (vgl. MORCINIEC 2015: 126 / Москальскя 1969: 218 /
SPEYER 2010: 77).
   Das **mhd.** <iu> /y:/ erscheint einmal in unserem Korpus als Diphthong /ɔɣ/
<ew>: *zewberlich.*
   Was den gegenläufigen Prozess anbelangt, so ist festzustellen, dass die Schreibung die durchgeführte Monophthongierung von mhd. Diphthongen zu langen
Vokalen /uo, üe/ > /u:, y:/ beweist:

/uo/ > /u:/:   Inlaut: *busse; hut; gut; guten; gutten; thut;*
                Auslaut: *Czw; czw; vor czwzeen,*
wobei /u:/ graphisch durch <u> oder (w) wiedergegeben wird;
/üo/ > /y:/:   Inlaut: *Hutter; Hutteren; hutte; bussen; busse; bust; gutte* ,Güter',
nur dass der Umlaut nicht markiert wird.
mhd. /ɔ/ = schles. <o>, (a), (u):

Das Graphem samt seinen Varianten kommt in der Initial- und Medialstellung vor, wo es als <o> oder (a) realisiert wird:

ader; orte; offembaren, offembart, offenbaren;
von; czwelffpoten; zal; oberkommen; kwmpt; kumpt; schocke; schock; vor schawen;
grosschen; gestolener; gestolen; wol; geloben; wolle; zocken; aws genommen; Vor-
boten; Vortmer;
mhd. /o:/ = schles. <o>

Das mhd. /o:/ wird im In- und Auslaut festgestellt, wo es ausnahmslos durch <o> ausgedrückt wird:

Inlaut: *gehorzam; los machen; montage;*
Auslaut: *zo; also; wo;*

Auf dieselbe Weise realisiert man mhd. /ø:/ (= schles. <o>) in der medialen Stellung: *losset*, wobei sich aber keine Bezeichnung des Umlauts findet.
    mhd. /ou/ = schles. <au>, (aw), (ow)
    Der Diphthong wird in allen drei Positionen angetroffen, wobei seine Schreibungen variieren:

Anlaut: *Auch;*
Inlaut: *Schawe; vor schawen; vorkowfft; kawffen; kawffmans; rawen; frawe;*
Auslaut: *Crokaw; Crakow;*

Der mhd. Zwielaut /ei/ (< ahd. /ei/) kommt als <ey> oder <ei> in der Initial- und Medialposition vor. Es ist aber unmöglich, Konsequenz in den Variantenschreibungen festzustellen: (Anlaut) *eynem; einem; eynen; einen; eyn; einer; eines;* (Inlaut) *heiligen; keyner; keyn; meister; gemeystert; meisterheit; meisterstucken; meisterstuck; czechmeister; meistern; erbeiten.* In der Ableitungssilbe <-heit> (nhd. *-heit, -keit*) wird der Diphthong ebenfalls in dieser Gestalt vorgefunden: *meisterheit; kegenwertikeyt; Hemlichkeit, hemlichkeit, hemlichkeyt.*

3 Konsonantismus

Das mhd. <b> wird normalerweise als <b> in allen drei Stellungen, einmal als (pp) im Anlaut und einmal als (p) im Inlaut realisiert (vgl. Beispiele unten). Im Auslaut trifft man nur <b> an:

bey; dor bey; bussen, busse, bust; besserunge; brengen; burgerrecht, burger; biber;
bleybe; vorbrwunge; broch ‚Brauch‘; Vorboten;
gegeben, geben; geschriben; haben, habe, gehaben; Siben, Sibenczigesten; ober-
kommen; gibet; zewberlich; erbeiten; geloben; beweybet; vndergeschriben; biber;

bleybe; vmbe; dorvmbe; vbelhandelunge; vbelhandelt; obrige; offembaren, offem-
bart, offenbaren;
Halb;

Die Beispiele *czwelffpoten* und *Knappen* zeugen von der Verhärtung, die für das
Hessische, Thüringische, Meißnische und seit dem 14. Jh. auch für das Schlesische
kennzeichnend ist (vgl. KALETA 2004: 111). Das (b) im Auslaut des Wortes *Halb*
ist hingegen ein interessantes Beispiel für die fehlende Auslautverhärtung des /b/,
wobei betont werden soll, dass diese Erscheinung ein weit verbreitetes Phänomen
des Mittelhochdeutschen war.

Das Graphem <p> erscheint lediglich in der Initial- und Medialstellung, wo
es durch (p) ausgedrückt wird:

par; kwmpt, kumpt; vesper;

Das mhd. <d> taucht in allen drei Positionen auf, wo es entweder als (d) oder
(t) wiedergegeben wird. Im Auslaut kommen vorwiegend die Lexeme mit (t)
vor, was als Ausdruck der in der Schreibung fixierten Auslautverhärtung zu betrachten ist:

Das; das; der; den; Dy; dy; des; dem; dreyczenhundert; dinge, dingk; denne; dor bey,
dorvmbe, dor noch; duncket; do; dritte; vordingen;
dreyczenhundert; fynde; ader; worde (Konj.)*; sunder, zunder; anders, anderen,*
ander, andern; werden, wdrt; vnder, vndergeschriben; firdung, firde; kundigen;
vbelhandelunge; vbelhandelt; gesinde; entphremden, entfremdet; awslendeschen;
idermanne;
vnd; helt; sint; phunt; wirt;

Das Graphem <t> kennzeichnet sich durch einen relativ großen Variantenreich-
tum, weil wir auf (t) und (th) in der Initialstellung, (t), (tt), (dt) in der medialen
Position und (t), (th), (d) sowie (dt) im Auslaut stoßen:
Anlaut:

(t):   *tage, firczentage, montage; gestolener; gestolen; getragen;*
(th):   *Thome; thut;*

Inlaut:

(t):   *egenanten; bestetiget; Sibenczigesten; nehsten; czwelffpoten; ersten, erste;*
           derwuschte; rechten; meister, gemeystert, meisterheit, meisterstucken, czech-
           meister, meistern, meisterstuck; stucken, stucke; stet; steen; gestaten; erbeiten;
           guten; kegenwertikeyt; stete; orte; lichtes; Vorboten;
(tt):   *Hutter, Hutteren, hutte; gutten; dritte; gutte ‚Güter‘;*
(dt):   *halden, haldten, offhaldten, gehaldten;*

Auslaut:

(t): *ist, yst; gewest; hut; dreyczenhundert; Sant; mitvaren; burgerrecht, vngerecht, recht; vorkowfft; mit; nicht; kwmpt; kumpt; vorarmt; gut; kegenwertikeyt; thut; czeit; vbelhandelt; ernst; wdrt; bust ‚(er) büßt'; entphremden; entfrem-det; Hemlichkeit, hemlichkeit, hemlichkeyt; Vortmer;*
(th): *Rothmannen; rothmannen;*
(d): *Stad;*
(dt): *aldt;*

Dem Graphem **<g>** begegnet man im Allgemeinen als (g) in allen Wortpositi-onen. In der Initialstellung kann es jedoch ebenfalls als (k) erscheinen, was von der Verhärtung zeugt, und in der finalen Position nimmt es die Gestalt (gk) an, was wieder die Auslautverhärtung veranschaulicht:
Anlaut:

(g): *gegeben, geben; gibet; grosschen; gar; gonnen; gleich; gut; guten; gutten; gutte ‚Güter';*
(k): *kegenwertikeyt;*

Inlaut:

(g): *yungen, yunge, Iungen; Satczunge; bestetiget; tage; firczentage; montage; dinge; besserunge; brengen; burgerrecht; burger; kegenwertikeyt; lenger; vordingen; vbelhandelunge; vorschweyget; getragen; vorbrwunge; geschege; möge;*

Auslaut:

(g): *mag; firdung;*
(gk): *Iungk; dingk;*

Was dieses Graphem anbelangt, so fällt uns noch die schlesische Spirantisierung des /g/ auf, die darauf beruht, dass die Schreibung des /g/ zwischen den Vokalen ein Schwanken zeigt. Gemeint ist hier der Unterschied in der Kennzeichnung des Lautes, so dass der Verfasser einmal diesen Konsonanten auslässt: *geschege* vs. *geschee;*
Beim Graphem <k> können wir auch viele Graphe beobachten: im Anlaut: (k), (kw), (c) im Stadtnamen fremder Abstammung; im Inlaut kommen (k) und (ck) und im Auslaut nur (ck) vor:

Anlaut:

(k): *wilkor, gewilkort; keyner, keyn; oberkommen; vorkowfft, kawffen, kawffmans; Knappen; kumpt; kegenwertikeyt; kundigen;*

(kw):   *kwmpt;*
(c):   *Crokaw, Crakow;*

Inlaut:

(k):   *Crokaw; Crakow; kegenwertikeyt; Hemlichkeit, hemlichkeit, hemlichkeyt;*
(ck):   *schocke; duncket; meisterstucken, stucken, stucke; zocken;*

Auslaut:

(ck):   *schock; meisterstuck;*

Die Grapheme <m> und <n> sind in allen Wortstellungen vorzufinden, wo sie mithilfe von (m) und (n) repräsentiert werden:

<m>:   *Rothmannen, rothmannen, man, kawffmans; man* (Pron.); *mitvaren; mit; meister, gemeystert, meisterheit, meisterstucken, meisterstuck, czechmeister, meistern; manch; mag; möge; mer, Vortmer; mache, machen, los machen; montage; idermanne;*
        Thome; kwmpt, kumpt; vorarmt; nemlich; vmbe, dorvmbe; schympff; entphremden, entfremdet; Hemlichkeit, hemlichkeit, hemlichkeyt;
        am; Gzwm ,zum'; ym; dem; gehorzam; czwm; offembaren, offembart, offenbaren;
<n>:   *hernöch; nehsten; noch ,nach', dor noch; nicht; nutcze; nemlich; generen; egenanten;*
        aws genommen;
        kawffmans; vnd; Iungk, Iungen, yungen, yunge; Satczunge; dreyczenhundert; Sant; dinge, dingk; keyner; vnder; vndergeschriben; fynde; eynem, einem, eynen, einen, einer, eines; sint; manch; harnesch; duncket; sunder, zunder; brengen; Knappen; firdung; anders, anderen, ander, andern; egenanten; lenger; kundigen; vordingen; phunt; vbelhandelunge, vbelhandelt; ernst; gesinde; entphremden, entfremdet; besant; vorbrwunge; awslendeschen; man; yn ,ihnen'; yn ,ihn'; von; den; yn (Präp.); *keyn; man* (Pron.); *eyn; hyn; zeyn* (V.); *montage; zeyn* (Pron.);

Die Belege *offembaren, offembart, offenbaren* fallen aber außerdem auf, weil sie die regressive Kontaktassimilation zusätzlich erkennen lassen, wobei das letztere Beispiel von der Inkonsequenz des Schreibers zeugt, denn man sieht hier keinen angeglichenen Laut.

Darüber hinaus sind auch die Doppelschreibungen <mm> und <nn> im Wortinlaut anzutreffen:

<mm>:   *oberkommen; aws genommen;*

<nn>:   *Rothmannen, rothmannen; denne; gonnen; wenne; gewynne; idermanne;*

Das Graphem <l> taucht in allen Wortstellungen auf und weist keine anderen Varianten auf:

geloben; lenger; lossen; los machen; losset; Leychczechen, leychczechen, leychczechen, leyche; lichtes; awslendeschen;
welches, welcher, welch, welche; aldt; halden; haldten, helt, offhaldten, gehaldten, heiligen; czwelffpoten; falschem; falsch; als; also; gestolener, gestolen; suliher; erlich; zewberlich; gleich; nemlich; bleybe; vbelhandelunge, vbelhandelt; Halb; Hemlichkeit, hemlichkeit, hemlichkeyt; itczlichem;
zal; wyl; wol;

Im Wortauslaut variiert es aber zweimal mit <ll>, das hingegen nur in der Medial- und Finalposition sichtbar ist:

willen; wolle; alle;
wilkor, gewilkort;

Das mhd. <h> taucht im An- und Inlaut auf, wo es durch die Graphe (h) oder (ch) vor <t> und sporadisch vor <s> wiedergegeben wird. (ch) erscheint auch im Anlaut:

(h):   *Hutter, Hutteren, hutte, hut; heren, herren; halden; haldten, helt, offhaldten, gehaldten; hernöch; haben, habe, gehaben; dreyczenhundert; heiligen; her; hyn; harnesch; gehorzam; Hesen; Halb; Hemlichkeit, hemlichkeit, hemlichkeyt;*

Inlaut:

(h):   *nehsten;*
(ch):   *rechten, burgerrecht, vngerecht, recht; nicht; sechs; lichtes; wachs;*

Während (h) in der schweren Ableitungssilbe mhd. <-heit> (nhd. *-heit, -keit*), z. B. *meisterheit* vorkommt, erscheint (ch) in mhd. <-lich> (nhd. *-lich*): *itczlichem*.
    Dem Digraph <ch> begegnet man nur im Inlaut, wo es als (ch) und einmal als (h) realisiert wird, sowie im Auslaut in der Gestalt (ch):

welches, welcher, welch, welche; czeche, czechen, czechmeister; Leychczechen, leych-czechen, leyche; mache; machen; los machen; Hemlichkeit, hemlichkeit, hemlichkeyt; suliher;
noch ,nach', dor noch; manch; sich; erlich; zewberlich; gleich; nemlich; Auch; broch ,Brauch'; hernöch;

Das Graphem <ʒ> ist in medialer und finaler Position anzutreffen. Seine Varianten sind:

Inlaut

(s):   *bust;*

(ss): *bussen, busse; lossen;*

Auslaut

(s):   *anders; aws, aws genommen, awslendeschen;*

Die Doppelschreibung <ʒʒ> findet sich lediglich im Inlaut, wo sie mit (ss) wiedergegeben wird: *besserunge; wyssen.*

Der Verschlussreibelaut [pf] <pf> wurde in der Initial- und Finalposition festgestellt. Was den Auslaut betrifft, so ist das Graph (pff) eine graphische Entsprechung der Affrikate. Das im Anlaut vorgefundene Graph (ph) ist dagegen die im großen Teil des Omd. gemeinsame Realisierung des obd. Verschlussreibelautes als /f/, was auch für die Krakauer Kanzleisprache typisch war (vgl. WIKTOROWICZ 2011,63 / 73).

Das mhd. <f> weist vier Varianten auf, obwohl die Verwendung von (f) und (ph) die fehlende Konsequenz des Schreibers offenbart *(entfremdet* vs. *entphremden):*

Anlaut

(f):   *ferre; falschem, falsch; fynde; firdung, firde, firczehen, firczentage; frawe; entfremdet;*

(v):   *von; vor; mitvaren; Vortmer;*

(ph): *entphremden;*

Inlaut

(ff): *vorkowfft; kawffen; kawffmans; offembaren, offembart, offenbaren; schaffen;*

Auslaut

(ff): *offhaldten; czwelffpoten;*

Das Graphem <w> erscheint lediglich als (w) sowohl im An- als auch im Inlaut. In initialer Position ist aber einmal die Realisation (v) möglich: *vesper,* sonst:

wilkor, gewilkort; welches, welcher, welch, welche; willen; worde (Konj.)*, werden, wdrt, wirt; were* (Konj.)*; geweren; wer; wäre ‚Waren‘; wyl; wol; wo; beweyzen; weysze; weyze; wenne; gewynne; beweybet; wyssen; wolle; wachs; gewest; czwelffpoten; derwuschte; kegenwertikeyt; czwe; vorschweyget;*

Das Graphem <sch> steht in allen Positionen und wird im In- und Auslaut immer mit (sch) ausgedrückt. Im Anlaut muss noch die Verbindung /s + t/ von der einfachen Assimilation /s + k/, deren Produkt /ʃ/ war, abgetrennt werden: das graphische Bild der Assimilation /s + k/ hat – ähnlich wie in anderen Wortstellungen – die Gestalt (sch), während der Laut /ʃ/ in Verbindung mit /t/ immer als (st) notiert wird:

(sch):   *geschriben; vndergeschriben; Schawe, vor schawen; schocke, schock; schympff; vorschweyget; geschege, geschee; schaffen;*
(st):   *Stad; bestetiget; gestolener, gestolen; stet, steen; gestaten; meisterstucken, meisterstuck, stucken, stucke; stete;*
(sch):   *falschem; derwuschte; grosschen; awslendeschen;*
(sch):   *alsch; harnesch;*

Das Graphem <tz> bzw. <z>, das der Affrikate [ts] entspricht, wird durch (cz) und (gc) im Anlaut und durch (cz) und (tcz) im Inlaut ausgedrückt:

Czw, czw, czwm; vor czwzeen, czwe; czeche, czechen, czechmeister; Leychczechen, leychczechen; dreyczenhundert, firczehen, firczentage; czwelffpoten; czeit; Gzwm; Sibenczigesten; gesetcze; Satczunge; gesatczet; nutcze; itczlichem;
Das mhd. <s> wird in folgenden Gestalten angetroffen:

Anlaut

(s):   *gesetcze, Satczunge, gesatczet; Siben, Sibenczigesten; Sant; sey (V.); sint; sechs; sunder; sy; suliher; sich; gesinde; besant;*
(z):   *zal; zey, zeyn (V.); zo; zunder; zy; zewberlich; zocken; zeyn (Pron.); vor czwzeen;*

Inlaut

(s):   *ist, yst; nehsten; ersten; erste; also; meister, gemeystert, meisterheit, meisterstucken, meisterstuck, czechmeister, czechmeister, meistern; Hesen; vesper; ernst; gewest;*
(ss): *losset;*
(z):   *beweyzen; weyze; gehorzam;*
(sz): *weysze;*

Auslaut

(s):   *Das; des; das; als; ys ,es'; los machen; wachs; kawffmans;*

Das Graphem <r> findet man in allen Stellungen vor, wobei auch die Variante (rr) in initialer Position feststellbar ist:

Rothmannen, rothmannen; rechten, burgerrecht, vngerecht, recht; rawen;

gewilkort; Crokaw; Crakow; heren, herren; geschriben; irer; Iores, Iore, lereyoren; dreyczenhundert; ersten, erste; worde (Konj.), werden, wdrt, wirt; mitvaren; burgerrecht, burger;

*geweren; grosschen; besserunge; harnesch; wäre ,Waren'; brengen; generen; **ferre;** kegenwertikeyt; erlich; vorarmt; erbeiten; firdung, firde; firczehen; firczentage; gehorzam; vndergeschriben; dritte; orte; frawe; ernst; entphremden; entfremdet; obrige; getragen; vorbrwunge; offembaren, offembart, offenbaren; broch ,Brauch'; were* (Konj.);

wilkor; der; hernöch; her; dor bey, dorvmbe, dor noch; wer; gar; mer, Vortmer; par;

Das mhd. <j> erscheint als (i) oder (y) lediglich in der Initialstellung, wobei sich die Konsequenz des Gebrauchs bestimmter Varianten nicht eindeutig bestimmen lässt:

Iungk, Iungen, yungen, yunge; Iores, Iore, lereyoren; idermanne;

Die oben angegebenen Erörterungen samt Beispielen führen also zum Schluss, dass die *Statuten der Krakauer Hutmacher* aus den 70er Jahren des 14. Jh. schlesische Merkmale aufweisen, was die unten aufgelisteten Phänomene bestätigen:

a) die Monophthongierung /ie, uo, üe/ > /i:, u:, y:/, z.B.: *idermanne; itczlichem; firdung, firde; firczehen; firczentage; lichtes; Dy; dy; zy; sy; busse; hut; gut; guten; gutten; thut; Czw; czw; vor czwzeen; Hutter; Hutteren; hutte; bussen; busse; bust; gutte ,Güter';*
b) die mhd. /i:, y:, u:/ kommen schon als Diphthonge vor, z.B. *zeyn (V.); zeyn (Pron.); weysze; weyze; beweyzen; gleich; beweybet; bleybe; czeit; vorschweyget; Leychczechen; leychczechen; leyche; dreyczenhundert; bey, dor bey; sey, zey; bawsze; aws, aws genommen, awslendeschen; zewberlich;*
c) die Senkung der mhd. kurzen /ɪ, ʊ/ > /e, ɔ/ wurde festgestellt: *brengen, oberkommen;*
d) die Tendenz zur md. Rundung und Hebung des /a:/ zu omd. /o:/: *Rothmannen, rothmannen; hernöch; Iores, Iore, lereyoren; noch ,nach'; dor bey, dorvmbe, dor noch;*
e) die schles. Kontraktion <-ege-> zu <e>, z.B.: *geschee* vs. *geschege;*
f) schles. e-Schreibungen: *erbeiten;*
g) die Monophthongierung des mhd. <ei>, <ey>, deren Produkt das schles. <e> ist: *Hemlichkeit, hemlichkeit, hemlichkeyt* oder *czwe;*
h) mhd. /ë/ = schles. <i>: *ys* (Pron.);
i) schles. <ie>, (i), (y) = /i:/ aus mhd. /ie/ > md. /i:/: *idermanne; itczlichem; firdung, firde; firczehen; firczentage; lichtes; Dy; dy; zy; sy;*
j) das Präfix <ver-> taucht immer als <vor-> auf: *vorkowfft; vorarmt; vordingen; vorschweyget; vorbrwunge; Vorboten; vor czwzeen;*
k) (ph) als Realisierung der Affrikate /pf/ im Anlaut: *phunt;*
l) die schles. Spirantisierung des /g/: *geschege* vs. *geschee.*

Literatur

CHROMIK, GRZEGORZ (2010): *Schreibung und Politik. Untersuchungen zur Graphemik der frühneuhochdeutschen Kanzleisprache des Herzogtums Teschen.* Wydawnictwo Uniwersytetu Jagiellońskiego, Kraków.

DUDEN Bd. 7, (2007): *Das Herkunftswörterbuch. Etymologie der deutschen Sprache. Die Geschichte der deutschen Wörter bis zur Gegenwart, 4.*, neu bearbeitete Auflage. Dudenverlag Mannheim, Leipzig, Wien, Zürich.

GRABAREK, JÓZEF (2004): *Die Ostkolonisation im westslawischen und baltischen Sprachraum bis 1350.* In: *Werte und Wertungen. Sprach-, Literatur- und kulturwissenschaftliche Skizzen und Stellungnahmen. Festschrift für Eugeniusz Tomiczek zum 60. Geburtstag.* Oficyna Wydawnicza ATUT – Wrocławskie Wydawnictwo Oświatowe, Wrocław.

GRIMM, JACOB / GRIMM, WILHELM (1971): *Deutsches Wörterbuch.* 16 Bde. in 32 Teilbänden. Leipzig 1854–1961. Quellenverzeichnis Leipzig 1971. Verlag von S. Hirzel, Leipzig, (Unter: http://woerterbuchnetz.de/DWB/, 06.06.2016).

JUNGANDREAS, WOLFGANG (1987): *Die Geschichte der schlesischen Mundart im Mittelalter: Untersuchungen zur Sprache und Siedlung in Ostmitteldeutschland,* Breslau 1937, Nachdruck: *Zur Geschichte der schlesischen Mundart...* Stuttgart Franz Steiner Verlag, Wiesbaden 1987.

KALETA, SŁAWOMIRA (2004): *Graphematische Untersuchungen zum Codex Picturatus von Balthasar Behem.* Wydawnictwo Uniwersytetu Jagiellońskiego, Kraków.

KLUGE, FRIEDRICH (2011): *Etymologisches Wörterbuch der deutschen Sprache.* Bearbeitet von Elmar Seebold. 25., durchgesehene und erweiterte Auflage. Walter de Gruyter GmbH & Co. KG, Berlin/Boston.

LEXER, MATTHIAS (1986): *Mittelhochdeutsches Taschenwörterbuch.* S. Hirzel Verlag, Leipzig.

METTKE, HEINZ (1970): *Mittelhochdeutsche Grammatik.* VEB Bibliographisches Institut, Leipzig 1970.

MORCINIEC NORBERT (2015): *Historia języka niemieckiego.* Wydawnictwo Wyższej Szkoły Filologicznej, Wrocław.

МОСКАЛЬСКЯ ОЛЬГА (1969): *История немецкого языка (на немецком языке).* Издательство ПРОСВЕЩЕНИЕ, Ленинград.

NEEF, MARTIN (2005): *Die Graphematik des Deutschen. Linguistische Arbeiten.* Max Niemeyer Verlag, Tübingen.

PIEKOSIŃSKI, FRANCISZEK (Hrsg) (1882): *Statuta pileatorum.,* In: *Kodeks dyplomatyczny miasta Krakowa 1257–1506 [Diplomatischer Kodex der Stadt Krakau 1257–1506],* Kraków, Band 2, S. 385–386.

SPEYER, AUGUSTIN (2010): Deutsche Sprachgeschichte. Vandenhoeck & Ruprecht GmbH & Co. KG, Göttingen.

WIKTOROWICZ, JÓZEF (2011): *Die graphematische Analyse der deutschen Sprache in den Krakauer Stadtbüchern des 14. Jahrhunderts*. In: *Krakauer Kanzleisprache. Forschungsperspektiven und Analysemethoden*, S. 17–32. Zakład Graficzny UW, Warszawa.

WIKTOROWICZ, JÓZEF (2011): *Die deutsche Sprache in den Krakauer Stadtbüchern des 15. und 16. Jahrhunderts*. In: *Krakauer Kanzleisprache. Forschungsperspektiven und Analysemethoden*, S. 61–71. Zakład Graficzny UW, Warszawa.

WIKTOROWICZ, JÓZEF (2011): *Die Krakauer Kanzleisprache im 16. Jahrhundert*. In: *Krakauer Kanzleisprache. Forschungsperspektiven und Analysemethoden*, S. 73–80. Zakład Graficzny UW, Warszawa.

WÓŁKIEWICZ, EWA (2016): *Stadtentwicklung in Polen im Mittelalter* (Unter: https://www.herder-institut.de/go/x7-b40f84, 5.06.2016).

2 Danzig (Ordensland und Preußen Königlichen Anteils)

Grażyna Łopuszańska (Gdańsk)

Zur Danziger Kanzleisprache im Mittelalter

Abstrakt: Im Spätmittelalter gab es in Danzig außer Latein zwei Amtssprachen: die mittelniederdeutsche hansische Sprech- und Schriftsprache der Rechtsstadt und das vom Ritterorden beeinflusste Ostmitteldeutsch der Vorstadt. In den Amtsbüchern wurden beide Varianten (manchmal sogar in einem Text) gebraucht. Seit dem 16. Jh. geht die Danziger Kanzlei zum Ostmitteldeutschen über.

Schlüsselwörter: Kanzleisprachen, Mittelniederdeutsch, Ostmitteldeutsch, Urkundensprache, Geschäfts- und Schriftsprache

Der Ort an der Bucht, an dem Danzig entstand, bildete schon in den ersten Jahrhunderten unserer Zeit ausgezeichnete geographische Voraussetzungen dafür, dass sich an dieser Stelle die Stadt zu einer bedeutenden Hafenstadt entwickeln konnte. Die günstige geographische Lage und die hier schon immer aufeinandertreffenden Kulturströmungen der großen südwestlichen und nordöstlichen Provinzen Europas trugen bereits im früheren Mittelalter zur Entwicklung eines lebhaften Handels mit anderen Völkern bei, wovon die von Plinius (78 v.u.Z.), Tacitus (58 v.u.Z.) und Ptolemäus hinterlassenen Nachrichten zeugen. Im 9. Jahrhundert wird die Anwesenheit der Kaschuben in der Umgebung Danzigs bestätigt und im 10. Jahrhundert gehören Danzig und das Gebiet an der Bucht zum polnischen Reich, wobei wohl eine ziemlich lockere polnische Oberheit, aber auch ein friedliches und freundschaftliches Verhältnis zwischen Ostpommern und Polen bestand, da der kaschubische Fürst Subisław und seine Söhne Sambor I., Mestwin I., Świętopełk und dann Mestwin II., (10.–13. Jh.) eine weitgehend selbständige Politik betrieben, obwohl ihre Lehnverhältnisse zu Polen nicht gelöst wurden. (Simson 1913: Bd. 1; Cieślak 1978: 260–266)[1]. Durch die Heirat seiner Tochter mit dem Danziger Fürsten Adalbert gewann der polnische König Boleslaw I. (der Tapfere) zum einen die Möglichkeit, die Danziger Weichselmündung zu nutzen, zum anderen verschaffte er dem Christentum Eingang in das ihm bisher verschlossene Land.

---

1   Der polnische Chronist Vinzenz Kadłubek, der über die Zeit nach 1177 berichtet, teilt mit, dass der polnische Herzog Kasimir der Gerechte als Senior nach mehreren anderen Besetzungen von Amten im polnischen Staat *Sambor in der Danziger Markgrafschaft eingesetzt* habe. (Monumenta Poloniae Historica. 2. Warszawa 1961, Buch 4 Kap. 8, S. 397).

Mit der Christianisierung Ostpommerns um das Jahr 1000 war der polnischen Sprache die Brücke nach Norden freigegeben. In dieser Zeit nimmt Danzig einen Aufschwung. Die Bewohner der Siedlungen um die Wallburg waren wohl ausschließlich Slawen, die vom Fischfang, Bernsteinsuchen und Handel lebten. Am Handel waren auch Polen und vor allem Lübecker Kaufleute beteiligt. Die Rechte zur Aufrechterhaltung des Handels mit Lübeck und zum freien Handelsverkehr in seinem Lande bestätigte im Jahre 1266 der Danziger Fürst Świętopełk. Nach 1185 muss sich die Stadt rasch entwickelt haben, da die in der fürstlichen Kanzlei angefertigte Urkunde Mestwins I. für Zuckau von 1209 mit den darin erwähnten Tuchzöllen einen lebhaften Tuchhandel bezeugt (Letkemann 1985: 52). Cieślak (1978: 258) berichtet, dass die fürstliche Kanzlei, die in Danzig schon im 12. Jahrhundert ihre Tätigkeit aufnahm, unter anderem auch Urkunden von staatlicher Bedeutung ausfertigte. In den – wie es damals üblich war – in der lateinischen Sprache angefertigten und erhalten gebliebenen Dokumenten sind auch polnische Wörter zu finden, was von den engen Beziehungen mit Polen zeugt. (Cieślak 1978: 265)

In der pommerellischen Zeit, also bis Ende des 13. Jahrhunderts, wechselten bei den Fürsten Ostpommerns polnische und deutsche Neigungen. Verwandtschaftsbeziehungen verbanden sie mit dem polnischen Süden und dem deutschen Westen. Damit kreuzten sich Einwirkungen von dem polnischen Staat im Süden und dem deutschen Nordwesten.

Es gibt leider keine Bearbeitungen aus der Zeit der ersten Kolonisationswelle, die die damalige Verkettung der Sprachverhältnisse für den territorialen Umfang berücksichtigen würden. Aus den politischen, wirtschaftlichen und gesellschaftlichen Verhältnissen gehen aber sprachliche Verhältnisse und die Ursachen der Übermacht der einen Sprache über die andere hervor.

Über das Schicksal Danzigs entschied der Danziger Herzog Mestwin II., der die Niederlassung deutscher Ritter, Handwerker und meistens niederdeutschsprachiger Kaufleute unterstützte. Infolge der vor allem niederdeutschen Einwanderung in die Stadt entstand in Danzig im 13. Jahrhundert neben der alten slawischen Siedlung eine deutsche Gemeinde, die bald aufblühte.

Die bis zum Ende des 14. Jahrhunderts historisch gewachsene Struktur der Stadt war zunächst für das kaschubisch pomoranische Gebiet typisch. Aus einer slawischen Fischersiedlung mit Bernsteinhandel entwickelte sich durch die Ansiedlung meist deutscher Kaufleute eine Stadt mit unterschiedlicher ethnischer Abstammung, wobei das nordgermanische Element als finanziell stärkeres den Vorzug hatte.

Die ersten aus der zweiten Hälfte des 12. Jahrhunderts stammenden Danziger Urkunden[2] wurden, wie es ja auch sonst in der Landschaft üblich war, lateinisch geschrieben. Im allgemeinen blieben die Städte, darunter auch Danzig, beim Latein – die deutsche Sprache benutzte vor allem der niedere Adel. Nur zögernd hat sich der Gebrauch der deutschen Urkundensprache in den nächsten Jahrzehnten verbreitet. Erst in der 2. Hälfte des 14. Jahrhunderts hat sich im Bereich des Schrifttums das Mittelniederdeutsche voll durchgesetzt. (Böttcher 1921, 1922) Als weit verbreitete Handels- und Verkehrssprache hatte es durch das Aufblühen des hansischen Handels an Bedeutung gewonnen. Die Sprache musste demzufolge – zumindest in ihrer schriftlichen Form – auch über die eigene Region hinaus verständlich sein. So entstand eine Schriftsprache, die viele Gemeinsamkeiten mit der Mundart Lübecks hatte, eine Schriftsprache *nicht natürlich in der strengen Form der Neuzeit, die vollkommen über den Dialekten steht, wohl aber eine Schriftsprache in dem Sinne, daß deutlich das Streben nach einer Einheit sichtbar wurde.* (Lasch 1925: 51, 55–76) Diese Sprache war, anders als das Mittelhochdeutsche, vorwiegend die Sprache des Rechts, der Verwaltung, des Handels sowie der Geschichtsschreibung.

Da sich zahlreiche Einwanderer aus nieder- und mitteldeutschen Sprachgebieten in Danzig niederließen, war die Danziger Kanzlei zweisprachig. Nach der Eingliederung der Stadt in das Gebiet des deutschen Ritterordens (1309) erschienen die ersten deutschen Urkunden. Der Deutsche Orden, vor allem der Hochmeister in Marienburg, schrieb von Anfang an ostmitteldeutsch. Er wirkte vielfach als Vorbild, ihm folgten Königsberg und das in der niederdeutschen Umgebung liegende Thorn. Danzig verkehrte mit dem Orden ostmitteldeutsch, schrieb aber im Innendienst und im Verkehr mit den Hansestädten und mit Skandinavien, Holland und Flandern niederdeutsch. Im 14. Jahrhundert war das Mittelniederdeutsche die allgemeine Geschäfts- und Schriftsprache in Danzig. Auf Mittelniederdeutsch wurde vor allem im hanseatischen Verkehr geschrieben. Im 15. Jahrhundert war im Allgemeinen noch das Mittelniederdeutsche vorherrschend, doch gewann das Hochdeutsche mehr und mehr an Bedeutung, besonders im offiziellen Schriftverkehr, etwa mit den Herzögen von Schlesien, dem Markgrafen von Meißen, den Städten Breslau, Liegnitz und Krakau.

Es lässt sich keine eindeutige Scheidung zwischen den beiden Sprachen im Gebrauch der Stadtverwaltung feststellen und ihnen beiden ein bestimmtes Verwendungsgebiet zuschreiben. Deutlich erkennbar ist nur die sich immer weiter entwickelnde Aufnahme des Ostmitteldeutschen, ihr Eindringen in sämtliche

---

2   Pommerellisches Urkundenbuch, M. Perlbach (hrsg.) Nr. 2, 6, 9 u.a.

Verwaltungsgebiete der Stadt und das allmähliche Zurücktreten des Mittelniederdeutschen.

Aus der historischen Entwicklung und Geschichte Danzigs ergibt sich im Mittelalter eine generelle Teilung der Stadt in zwei sprachliche Zonen: 1. die Rechtsstadt mit der mittelniederdeutschen hansischen Sprech- und Schriftsprache, wo das Niederdeutsche nicht nur Amts- und Verwaltungssprache, sondern auch die Verkehrssprache der Kaufleute war; 2. die Vorstadt, deren deutsche, vom Ritterorden beeinflusste Sprachvarietät das Ostmitteldeutsche war, das von der Verwaltung des Hackelwerks und der sog. Jungstadt verwendet wurde. (Simson 1913) Damit existierten in Danzig im 14. Jahrhundert zwei Amts- und Verwaltungssprachen, wobei es sowohl im berufssprachlichen als auch im privaten Bereich (Łopuszańska-Kryszczuk 2013: 17–38) große Differenzierungen gab.

Die Verkehrs- und Schreibsprache der *düdeschen Hanse*, die sich auf dem ostelbischen Kolonialboden, darunter in Danzig, durch Ausgleich der verschiedenen niederdeutschen Stammesmundarten zu einer über ihnen stehenden mittelniederdeutschen Schriftsprache entwickelt hatte, löste im 14. Jahrhundert das Latein als Geschäfts- und Amtssprache ab und war seit dem Aufblühen der Städtehanse unter Führung Lübecks als nordeuropäische Großverkehrssprache in Gebrauch. Sie verlor jedoch im 16. und 17. Jahrhundert immer mehr ihre Bedeutung und wurde als Schriftsprache nach und nach von einer hochdeutschen, der ostmitteldeutschen Sprache verdrängt.

Die Danziger Kanzlei im Mittelalter ist sprachgeschichtlich dadurch merkwürdig, dass sie von ihren Anfängen an zweisprachig war und zwei Sprachkreise umfasste: das Ostmitteldeutsche und das Mittelniederdeutsche. Beide Sprachen wurden gleichzeitig angewandt. Auf Anregung von W. Mitzka wurden beide in der Zwischenkriegszeit bearbeitet. Die ostmitteldeutsch abgefassten Schreiben der Danziger mittelalterlichen Kanzlei hat H. Barth in seiner 1938 in Danzig vorgelegten und verteidigten Dissertation beschrieben. Ruth Sahm hat die von Hans Barth benutzten Quellen auf das Mittelniederdeutsche hin untersucht, beschrieben und in ihrer 1942 in Marburg verteidigten Dissertation vorgelegt. Von den beiden Autoren wurden 1850 mittelalterliche, von der Kanzlei der Rechtstadt angefertigte Dokumente aus den Jahren 1346–1500 (Missivbücher) und die Amtsbücher der Altstadt, Jungstadt und der Vorstädte untersucht. In all diesen explorierten Büchern stimmt die Sprache der Urkundensammlungen mit der der Rechtstadt überein. In allen Stadtbüchern nimmt das Mittelniederdeutsche den größeren Teil des sprachlichen Materials ein. Die ältesten erhalten gebliebenen Kanzleischriften in niederdeutscher Sprache sind eine 1325 vom Rat der Altstadt angefertigte Belehnung für einen Danziger Bürger und eine 1377 ausgestellte Urkunde. (Barth 1938: 11–16; Sahm 1942: 2).

Sprachlich weicht von den Stadtbüchern auch die älteste Danziger Willkür nicht ab – sie weist ein ausgeprägtes Niederdeutsch auf. In Danzig hat es schon in der Ordenszeit eine Anzahl von Rechtsgewohnheiten zusammenfassende Willkür gegeben.[3] Im rechtlichen Sinne ist eine Willkür ein Gesetz oder eine Kodifizierung von Gesetzen, welche von denen, für die sie galten, festgesetzt wurden oder wenigstens unter ihrer Mitwirkung zustande gekommen waren. Es sind Vorschriften für das alltägliche Leben, die meist durch Gewohnheiten entstanden waren und dann als Gesetze festgelegt wurden. Erlassen wurden Willküren schon in frühen Zeiten, als die Städte noch klein und von der Landesregierung[4] abhängig waren. (Bender 1882) Die Stadtwillküren wurden jährlich am Tag der drei Könige vor dem Rathaus öffentlich vorgelesen, damit die Willküren zur Kenntnis derjenigen kamen, die sich nach ihnen zu richten hatten.[5] Die älteste Danziger Willkür, die noch in der Ordenszeit abgefasst wurde, ist nicht erhalten geblieben. Es gibt aber urkundliche Beweise, dass ein ganzes Gesetzbuch vorhanden und in Gebrauch war. (Simson 1904: 11–65).

Die erhaltene Danziger Willkür[6] ist von einer Hand geschrieben, wahrscheinlich ziemlich gleichzeitig mit ihrer Auffassung. Im Text ist aber sehr viel radiert, gestrichen, zugesetzt und verändert worden. Die Zusätze stammen wahrscheinlich aus dem 15. Jahrhundert, und die erste Handschrift scheint als Grundlage für eine neue, revidierte Willkür benutzt worden zu sein. Alle späteren Änderungen wurden von mehreren Schreibern eingetragen. (Simson 1904: 22–24)

---

3   Das Wort *Willkür* hat seit dem Mittelalter seine Bedeutung verändert. Während man heute darunter eine Handlungsweise versteht, die sich an keine Regel, keine Vorschrift, kein Gesetz hält, bezeichnete es in früheren Zeiten eine Gesetzesvorschrift oder eine Sammlung von solchen.

4   Die Städte erlangten schon im 13. Jahrhundert das Recht, sich selbst Willküren zu geben, mit der Einschränkung, dass dieses Gesetzgebungsrecht der Bestätigung des Ordens, in den bischöflichen Landesteilen dem Bischof unterliegen sollte.

5   Aus einer aus der 1. Hälfte des 15. Jahrhunderts stammenden Verordnung heißt es: *Man sal wissen, das man jerlich desse willekore pflegit czu lessin am tage der heiligen dryer konige noch der molcziet in der pfarrkirchen, doczu man drystunt lütet, uff das docyu gemeynlich die ratherren scheppfen, hantwerkmeyster unde gancze gemeyne sollen komen unde horen, das sich eyn yederman weys bewaren vor sine schadin.* (Simson 1904, 8)

6   P. Simson untersuchte eine große Anzahl der im Danziger Stadtarchiv und in der Danziger Stadtbibliothek 1892 verzeichneten Willkürhandschriften, die er bearbeitet und dann abgedruckt hat. (Simson 1904)

In den städtischen Danziger Amtsbüchern gibt es auch Eintragungen, die von verschiedenen Händen stammen und einmal im niederdeutschen, ein anderes Mal im ostmitteldeutschen Dialekt verfasst wurden. Im großem und ganzen wurden in den städtischen Danziger Amts- und Gesetzbüchern außer Latein, das erst im 15. Jahrhundert endgültig abgelöst wurde, der niedermitteldeutsche und der ostmitteldeutsche Dialekt verwendet. (Barth 1938: 11–16)

Die von P. Simson (1904), H. Barth (1938) und R. Sahm (1943) explorierten erhalten gebliebenen Danziger Urkunden zeugen davon, dass in der Danziger Kanzlei beide Schriftdialekte in Gebrauch waren, aber nicht immer die reine mittelniederdeutsche oder ostmitteldeutsche Form aufweisen, was einerseits die Folge des Zusammenstoßes zweier Sprachsysteme, andererseits die Konsequenz der Herkunft und Ausbildung der die Urkunden anfertigenden Autoren (Sekretäre) war. In den meisten Fällen sind Geburtsort und Herkunft der Beamten in der Danziger Kanzlei unbekannt, darum ist die primäre Sprache des Schreibers nicht festzustellen. Viele von ihnen sind aus dem geistlichen Stande hervorgegangen, viele haben das Studium an europäischen Universitäten beendet (Leipzig, Wittenberg, Königsberg, Prag, Krakau, Jena), wonach sie von dem Danziger Stadtrat verpflichtet wurden, noch eine Studienreise zu machen. Oft wurden sie auch an den polnischen königlichen Hof in Warschau geschickt, wo sie die polnische Sprache beherrschen und Sitten und Bräuche kennenlernen sollten. Sie waren zweifellos zwei- dreisprachig, da in der Danziger Kanzlei von Anfang an gleichzeitig niederdeutsche und ostmitteldeutsche Urkunden angefertigt wurden, doch bis zum 15. Jahrhundert überwiegt das Niederdeutsche, das sehr oft landschaftlich bestimmt war.

Seit der zweiten Hälfte des 14. Jahrhunderts wird im geschriebenen Mittelniederdeutschen ein deutliches und zunehmendes Streben nach größerer sprachlicher Einheit erkennbar. Die sog. mittelniederdeutsche Schriftsprache – *dydesch tunge* – ist kein Gewächs des alten Stammlandes, sie trägt deutliches Lübecker Gepräge. Sie tritt im 15. Jahrhundert, das zugleich die Blütezeit der mittelniederdeutschen Schriftsprache ist, deutlich hervor. So nimmt auch der größere Teil der Danziger Stadtbücher das Mittelniederdeutsche ein. Schöffenbücher, Pfahlkammer, Willküren sind fast ausschließlich im mittelniederdeutschen Dialekt, der noch bis ins 16. Jahrhundert als Gerichts- und Handelssprache verwendet worden ist, abgefasst. (vgl. Mitzka 1959)

Der sprachliche Übergang von dem Niederdeutschen ins Ostmitteldeutsche ging nicht gleichzeitig auf den verschiedenen Gebieten des Schriftwesens vor sich, sondern vollzog sich schrittweise und erstreckt sich über einen Zeitraum von rund 200 Jahren. Dieser Vorgang dauert in Danzig etwa 120 Jahre.

Da die Danziger Kanzlei mehrsprachig war, sind auch sprachlich gemischte Urkunden erhalten geblieben, wo in einer Urkunde, festgelegt in einem der Schriftdialekte, in kleinerem oder größerem Maße auch Formen der anderen Sprache vorkommen. In vielen Dokumenten treten zahlreiche fremde Elemente des anderen Dialekts auf.

In den explorierten niederdeutschen Urkunden, wo das Ostmitteldeutsche kaum in Gebrauch war, sind jedoch manchmal ostmitteldeutsche, regelmäßig erscheinende Elemente wie Datenangaben zu finden. Original und Kopie der Urkunde weichen oft in vielen Punkten voneinander ab, manchmal wurden in dem kopierten Schreiben zum Beispiel Wörter weggelassen. (vgl. Barth, 1938: 31–34) Original und Kopie weichen auch orthographisch voneinander ab.

In den von P. Simson (1904) abgedruckten Texten der Willküren wurde die Orthographie des Originals beibehalten. Sie ist recht inkonsequent, und so finden sich in denselben Wörtern *i* und *y*, *u* und *w*, *u* und *v*: 1.

> *Wer ouch in dieszen krygen usz vnser stat geczogen ist, vunde vnserm wedirteile beygelegen hot, her sey gast adir borger, die sullen hir czukomenden czeiten vor borger nicht vffgenomen werden, is were denn, das man se vuschuldig irkente vnde se sich volkomelich des vorantwert haben, so sullen sie doch alle vngelt den krick obir gleich eynen anderen borger gleich em reich vszgeben vffs rathwsz, er man en zcu borger nympt. 2. Wer yn kriges nóthen vnd anlygen ausz unser stádt gezcogen yst ader zcyhen wurde vnd die stadt vorliesse ader vnseren wydderteyle beylegen tethe, er sey gast ader burger, die sullen hyr yn zcukommenden zceyten vor burger nicht vffgenommen werden, es where denne, das man sie vnschuldick erkente vnd sie sich volkómlich des vorantwert hetten, szo sullensie doch alle schósz, stewer vnd hulffe den kriegk vber vffgesatct vnd die gemeyne burgerschafft auszgestanden irer vormogenheyt noch nocker gleych der stadt geben vnd auszrichten noch erkentnisz des rathes. (Text des Artikels in den zwei ältesten (1455) Willküren, zit. nach P. Simson, 1904: 67)*

Die Orthographie des Niederdeutschen der Danziger Kanzleischriften ist, wie in allen mittelalterlichen Kanzleien, inkonsequent und nicht einheitlich. Es ist aber auch nicht so wichtig für die niederdeutsche Orthographie, dass sie geringfügige Lautnuancen wiedergibt, denen oft keine phonetische Relevanz zukommt. Die größere Lautdauer eines langen Vokals vor Media als vor Tenuis, *riden - ritten* zum Beispiel, ist nicht bedeutungsdifferenzierend, sondern „auxiliar - soziativ" (Trubetzkoy), bietet also nur eine Hilfe für das Verstehen bei undeutlicher Aussprache des Konsonanten. Vielmehr sollte die Orthographie die Phoneme immer auf die gleiche Weise bezeichnen. In einem gewissen Rahmen ist für die Schreibung des Niederdeutschen (anders als im Hochdeutschen) die Andeutung der gemeinten Laute zweckmäßig, da aus den verschiedenen Einzelmundarten der Schreiber zahlreiche Ausdrücke, deren Kenntnis der richtigen Aussprache nicht allgemein vorausgesetzt werden kann, in den geschriebenen Text wandern. Für eine auch nur grob lautgetreue Schreibung reichen die Zeichen des lateinischen Alphabets oft nicht aus. Viele Schreiber haben es darum nach dem Vorbild einiger europäischer Schriften durch einzelne Sonderzeichen oder Diakritiken ergänzt. In den in der Danziger Kanzlei geschriebenen niederdeutschen Schreiben treten überschriebene Zeichen wie: ´,˚, `,´ auf, die über *o* und *u* gesetzt wurden und deren Funktion nicht klar ist: genónt (genannt 1431). Sie können manchmal den Umlaut anzeigen, manchmal unterscheiden sie nur *n* von *u*. Das überschriebene *e* diente als Umlautzeichen für *o* und *u*: *dar vôr* 1428 (dafür), *wônliker* 1429 (gewöhnlicher), *sóne* 1429 (Söhne), *môte* 1420 (müsse), als Bezeichnung der Länge: *brêf* 1429 (Brief), *vornóghet* 1430 (Genugtuung leisten), *to hûs* 1440 (zu Hause) oder zeigt sich aus Platzmangel über den zugehörigen Konsonanten: *Bŕue* 1436 (Brief), *vorbóŕcht* 1444 (auf Borg ausgeben, bürgen). (Sahm 1942: 4)

Die Schreibung des Niederdeutschen in den Danziger Urkunden kam sicher auch nicht ohne ostmitteldeutsche Schreibweise aus und es fehlte nach wie vor an einer einheitlichen niederdeutschen Sprech- und Schreibsprache.

Die Arbeiten über die Danziger Kanzleisprache (Barth, Sahm) enthalten zwar keine vollständige Grammatik, geben aber eine Auswahl von Einzelkriterien, aufgrund derer die lokale Sonderform, die Einwirkungen von außen, vor allem aus der Lübecker Kanzleischreibe, festgestellt wurden.

Wie aus den von R. Sahm (1942) durchgeführten Untersuchungen der mittelniederdeutschen Danziger Urkunden hervorgeht, wurden kurze und lange Vokale nicht besonders bezeichnet. Die Kürze des Vokals wird manchmal durch Gemination des nachstehenden Konsonanten unterstrichen: *wedder* 1420, (wieder), *to gadder* 1426 (zusammen), *ledder, leddir* 1443 (Leder), *kettele* 1426 (Kessel), doch ist diese Verdopplung des Konsonanten kein sicheres Zeichen für die kurzen Vokale, da nach den langen Vokalen auch verdoppelte Konsonanten zu finden sind: *behuff* 1442 (Bedürfnis), *schreff* 1432 (schrieb). Lange Vokale werden sehr oft gar nicht bezeichnet, manchmal jedoch durch einen nachgestellten Vokal von gleicher oder verschiedener Qualität: *staaen* 1426 (stehen), *vorgeen* 1423 (vorübergehen, vergehen, vorangehen), *wii* 1429 (wir), *alltijd* 1420 (immer); nachgestellt werden: ai, a, ei, ee, ie, ye, uw, oe:, *Read* 1423 (Rat), *openbair* 1444 (offenbar), *staid* 1431 (steht), *breef* 1422 (Brief), *leeth* 1431), *leef* (1429), *leop* 1467 (lief), *Raede* 1420 (Rate), *vliet* 1431 (Fleiß), *thiet* 1433 (Zeit), *syeme* 1444 (seinem), *buwten* 1431 (außerhalb), *doen* 1420 (tun), *doen* 1420 (tun), *koefleisch* 1445 (Kuhfleisch).

Auch das entlehnte Dehnungs-h und ein geschriebener Vokal treten gelegentlich als Zeichen der Länge auf: *ehr* 1467 (früher, bevor), *zeh* 1499 (See) *nuh* 1463 (*nun*), råt 1431 (Rat), *mér* 1428 (mehr), *kôpman* 1429 (Kaufmann), *gebrůken* 1442 (gebrauchen).

Eigenartig für die Danziger mittelniederdeutschen Urkunden ist die Schreibung des *u* für das mittelniederdeutsche *o* < *a* vor -ld, -lt: *hulden* 1438 (halten), *gehulden* 1449 (gehalten).

Für *i* steht das *j*, *y*, manchmal auch das *e*: hir jnne 1446 (hierin), *darjnne* 1420 (darin), *kynt* 1425 (Kind), *synem* 1420 (seinem), *to wynnende* 1436 (erlangen). (Sahm 1948, 57)

In den mittelniederdeutschen Urkunden sind auch Einflüsse des Hochdeutschen in der Form der Wörter *zwester* 1427 (Schwester), *twier zwester* 1431 (zwei Schwestern), (nd. Suester, Süster), *tusschen*, 1420, *tuschen* 1435, neben *twisschen* 1420 (zwischen) (nd. twüschen, twueschen) zu beobachten. (Sahm 1942)

Den ostmitteldeutsch verfassten Teil der mittelalterlichen Danziger Urkunden untersuchte und beschrieb H. Barth (1938). Die ältesten, noch lateinisch angefertigten Dokumente enthalten Elemente der beiden in Danzig vorhandenen Schriftsprachen. Die von H. Barth explorierten Schreiben wurden meistens kopiert, wie es damals in allen mittelalterlichen Kanzleien üblich war. Die Kanzlisten, die nur einfache Abschreibedienste verrichteten, mussten die von den Sekretären abgefassten Schreiben in Reinschrift ausfertigen und auch die zugesandten Briefe kopieren. Bei dieser Arbeit hatten sie viel Selbstständigkeit und brauchten sich nicht an die Buchstaben des Originals zu halten: im Original steht z. B. geschrieben: *hoptmann, derselbe. darczu gipt, Thorn, Konigſberg, vſzghenden*; in der Kopie ist: *houbtmann, derſelbie, dotczu gibit, Thorun, Konigeſberg, vſzgheenden* zu finden. (zit. nach Barth 1938: 40) Die Gegenüberstellung der Originale und ihrer Kopien zeigte, dass Original und Kopie an vielen wesentlichen Stellen voneinander abweichen, nicht nur in der Orthographie. In ein und derselben Urkunde gelten verschiedene Wortformen, einige Wörter sind weggelassen und *es fällt auf, dass in den Originalen an vielen Stellen schon die neue Diphthongierung erreicht worden ist, während die Kopie noch den alten Lautstand der Monophthongierung aufweisen, aber auch der umgekehrte Vorgang ist einige Male belegt.* (Barth 1938: 49)

Die Bezeichnungen der Umlaute fehlen. Der Umlaut von a wird als e geschrieben: *gedechtniſſe* 1346 (Gedächtnis), veterlichkeit und vaterlicher 1459, kegegwertich 1346 (gegenwärtig).

Die Dehnung wurde entweder durch das *e*, das doppelte *ee* und in späteren Urkunden mit dem nachfolgenden *h* oder oft gar nicht bezeichnet: *nhymanden* 1527 (niemanden), *auffnhemen* 1550 (aufnehmen), *geſcheen* 1346 (geschehen), *ſen* 1429 (sehen), *erenlos* 1389 (ehrenlos), *er geet* 1466 (er geht), *gheet* 1477 (geht),

wieſe 1405 (Wiese). Manchmal wurde der lange Vokal mit dem übergeschriebe-
nen *e* oder *y* bezeichnet: *ēre, gesche^yen*.[7]

Einige Wörter wurden einmal mit *e*, manchmal mit *i* oder *y* für *i* geschrieben:
seynir, seyner 1431 (seiner), *brieffis, brieffes* 1443 (Briefes), *irholen* 1424 (erho-
len), 1431, *irſaren* (erfahren). In einigen Fällen erscheint *w* an Stelle des *b* – eine
mitteldeutsche Eigenart aus der Mundart: *byderwer* 1398 (Verderber), *awer* 1387
(aber), *gebleven* 1443 (geblieben), was wahrscheinlich auch dem Niederdeutschen
zu verdanken ist.[8] Niederdeutsch ist auch das in der ostmitteldeutsch abgefassten
Urkunde stehende Wort *Pinxten* 1444 (Pfingsten, nd.: Pingsten).

Charakteristisch für die Danziger Kanzleisprache ist der Wechsel zwischen *a,
u* und *o*. Die Erscheinung lässt sich noch in den Urkunden aus der ersten Hälfte
des 16. Jahrhunderts beobachten: *dorch* 1375 (durch), *thorm* 1384 (Turm), *ſcholdig*
1415 (schuldig), *gewurden* 1421 (geworden), *gedolt* 1431 (Geduld), *getraffen* 1429
(getroffen), *adir* 1346, *ader* 1359 (oder), *dach, nach* 1459 (doch, noch), *adir* 1530,
ader 1546 (oder). Als niederdeutscher Einschlag kann das *o* angesehen werden,
das für das *u* steht: *horre* 1415 (Hurre), *angeroffen* 1435 (angerufen), *blotes* 1439
(Blutes), *armot* 1459 (Armut).

Manchmal treten Formen mit *o* statt mit dem mitteldeutschen *a* auf, die niederdeutsche Einflüsse suggerieren: *gebrocht* 1405 (gebrochen), *hot* 1409 (hat),
gnode 1449 (Gnade) *domit* 1535 (damit). Daneben sind in demselben Dokument
Formen mit *a* und *o* anzutreffen: *roth, rathus* 1409 (Rathaus), *hot, hat* 1431 (hat),
nachgeloſſen, nachgelaſſen, nochgeloſſen, 1450 (nachgelassen). Niederdeutsch
scheint auch die einfache o-Schreibung des Diphthongs *au: ok* 1448 (auch), die
aber nur vereinzelt zu finden ist.

Die Urkunden der Danziger Kanzlei weisen die hochdeutsche Diphthongierung auf: *die, gebiete, dienſte* 1426 (die, Gebiete, Dienste); gewöhnlich aber ist der
Diphthong *ie* zu dem mitteldeutschen *i* (y) geworden: *liber* 1384 (lieber), *gemitet*
1412 (gemietet), *dyner* 1453 (deiner), *nymande* 1448 (niemand).

Die Orthographie der Konsonanten entspricht im Allgemeinen dem mitteldeutschen Gebrauch. Häufig kommt die konsonantische Verwendung *u* für *w* vor:
wff 1525 (auf), auch in der Schreibung der Diphthonge: *vrowen* 1359 (Frauen),
gekowfft 1390 (gekauft). Als gleichwertig gelten *f* und *v: fruntlichen* 1431 (*freund-
lichen), flaſe* 1405 (Flasche), *vinden* 1389 (finden), *valſ* 1308 (falsch), *vater* 1431
(Vater). Es kommt oft vor, dass *d* und *t* wechseln: *vnd, vnde, vnt* 1449 (und), *Zedel,*

---

7   Alle hier hinzugefügten Beispiele werden nach H. Barth zitiert.
8   Noch heute heißt es im Mitteldeutschen *afblieven, blieven* = bleiben; *hebben* = haben;
    geven = geben.

zettel, entlich, endlich 1441 (endlich), *darvnder* 1449, *darunder* 1523 (darunter), aber konsequent erscheint *d* in: *alde* 1412 (alt), *wolden* 1421 (wollten), *behalden, gelde, hilden* 1431, *dochter* 1407, *armod* 1459 (behalten, Geld, halte, Tochter, Armut); für das mittelhochdeutsche *pf* steht das ostmittelhochdeutsche *f* meistens als *pf, pfh, ppf, phf, pff* notiert: *empholen* 1498 (empfohlen), *verpflichtet* 1495 (verpflichtet), *pferde* 1532 (Pferde), *pffarkirchen* 1430 (Pfarrkirchen), *pfharrer* 1451 (Pfarrer); aber auch Formen mit p wurden erhalten: *ſchympe* 1426 (Schimpfe). Vereinzelt wurde *pf* zu *f* oder *v*: *entfoen* 143, *entfangen* 1455 (empfangen), *forten* 1459 (Pforten).

Die Schrift der ostmitteldeutschen Hälfte der mittelalterlichen Danziger Kanzlei stimmt im Wesentlichen mit den Prinzipien des Ostmitteldeutschen überein und die Kanzleisprache kann als einheitlich bezeichnet werden. Der eingedrungene niederdeutsche Einschlag in den wenigen „sprachlich gemischten" Teilen ist auf die unvollständige Beherrschung des gebrauchten Dialekts durch die einzelnen Schreiber zurückzuführen sowie auf die phonetische Schreibung aus der ostmitteldeutschen Sprechsprache.

Der Rat der Stadt Danzig unterstützte finanziell die Ausbildung junger Leute. Sie studierten zuerst meist an einer mitteldeutschen Universität und waren dann, nach Abschluss der allgemeinen Ausbildung, an der zweisprachigen Kanzlei Danzigs tätig. Es war wichtig, dass ihre Sprache richtig verstanden wurde, wenn sie an das Reichskammergericht oder an den hochdeutsch angestellten Landesherrn schrieben. Bei den Kanzlern (Syndicus)[9] aus dem hochdeutschen Sprachgebiet führte das zu einer Umstellung in der auswärtigen Korrespondenz. Für die Ratsprotokolle, die Eintragungen in das Stadtbuch, die Abfassung von Verordnungen und das Kopieren von Briefen war die Sprache nicht so wichtig, diese Arbeit wird im allgemeinen den Sekretären und ihren Substituten überlassen, die oft niemals aus ihrer Heimatstadt herausgekommen sind und denen die Anwendung der ostmitteldeutschen Sprache Schwierigkeiten bereitete.

Die Ratsrentebriefe, Zunfturkunden und Verordnungen des Rates mussten nach wie vor niederdeutsch bleiben, weil sie sonst von den meisten Bürgern gar nicht verstanden worden wären. Das war nicht nur in Danzig, sondern in allen hansischen Städten der Fall. Das Verfügen und der Gebrauch mehrerer Sprachvarianten in der Danziger mittelalterlichen Kanzlei hatte zur Folge, dass niederdeutsche und mitteldeutsche Sprachelemente nebeneinander gebraucht wurden. Dies führte zu der Übernahme von Einzelwörtern, was das Bemühen erkennen lässt,

---

9   Wie z. B. Conrad Bitschi, vielleicht schlesischer Herkunft, in der Danziger Stadtverwaltung seit 1418 – zit. nach Barth 1938, 8–9.

die niederdeutsche Sprachform zu verhochdeutschen: z. B. *schriven* (von schreiben), *bliven* (von bleiben). Es kam oft zu falschen hochdeutschen Neubildungen in Fällen, wo es das niederdeutsch lautlich entsprechende Wort im Hochdeutschen gar nicht gab: ndt. *ambolt* (Amboß) - hdt. *amboltz*, ndt. *dal lopen* (hinablaufen) - hdt. *thal laufen*. Solche falschen Bildungen treten vorwiegend bei Sekretären mit niedriger Ausbildung auf, doch sind Schreibungen wie *veilfeltig* (vielfältig), *vorkopfft* (verkauft) und Halbübertragungen wie *Schweineflesch*, *Brutwein* auch bei sog. Gebildeten keine Seltenheit.

Seit dem 16. Jahrhundert geht die Danziger Kanzlei vom Mittelniederdeutschen zum Ostmitteldeutschen über. Das Mittelniederdeutsche hört auf Schriftsprache zu sein und die mittelniederdeutsche Zeit geht zu Ende. Der Wandel vollzieht sich nicht einheitlich und gleichzeitig, sondern benötigt eine Reihe von Jahren oder mehrere Generationen. Der sprachliche Umbruch hatte verschiedene Gründe. Die Macht der Hanse, die vom Wirtschaftlichen und Politischen her Rückhalt und Stütze der mittelniederdeutschen Schriftsprache, der Hansesprache, gewesen war, ging zurück. Der hansische Raum verlor seine Geschlossenheit und er öffnete sich nach Westen und Süden. Der Osthandel war nicht mehr auf hansische Vermittlung angewiesen. Lübeck konnte seine Vormachtstellung nicht mehr halten, auch Hamburg und Danzig schoben sich zurück. Die auswärtigen Hansekontore und *de nedderdueuetsche Kanzleesproak* verloren an Bedeutung.

Literatur

Barth, Hans (1938): *Zur Danziger mitteldeutschen Kanzleisprache*, Danzig.

Böttcher, Kurt F. (1921, 1922): *Das Vordringen der hochdeutschen Sprache in den Urkunden des niederdeutschen Gebiets vom 13. bis 16. Jahrhundert*. Diss. Berlin 1916, Ausz. in: Zeitschrift für deutsche Mundarten 16, 1921, S. 62–67 und 17, 1922, S. 97–108.

Bender, Georg (1882): *Die ältesten Willküren der Neustadt Thorn*, in: Zeitschrift des Westpreußischen Geschichtsvereins, Bd. 7, S. 110.

Cieślak, Edmund (1978): (Hrsg.), *Historia Gdańska*, Gdańsk.

Cordes, Gerhard (2000): *Ergebnisse der Sprachgeschichtsforschung zu den historischen Sprachstufen IV:Das Mittelniederdeutsche*, in: Sprachgeschichte. Ein Handbuch zur Geschichte der deutschen Sprache und ihrer Erforschung, hrsg. Besch W./Betten A., /Reichmann O./Sondereggers S., 2. Teilband, Berlin New /York, S. 1400–1512.

Cordes, Gerhard./Möhn, Dieter (1983), (Hrsg.): *Handbuch zur niederdeutschen Sprach- und Literaturwissenschaft*, Berlin.

Henning, Gloyer (1974): *Mittelniederdeutsche Diplomatensprache. Sprachliches Handeln im Schrifttum der Hanse,* Diss. Kiel.

Lasch, Agathe (1925): *Vom Werden und Wesen des Mittelniederdeutschen,* in: Niederdeutsches Jahrbuch. Jahrbuch des Vereins für niederdeutsche Sprachforschung 51, S. 55–76.

Letkemann, Peter (1985): *Danzigs Geschichte im Spiegel der neueren Geschichtsschreibung. Ein*

Forschungsbericht, in: Danzig in acht Jahrhunderten, (Hrsg.) Jähnig B/Letkemann P, Münster, S. 9–22.

Łopuszańska-Kryszczuk, Grażyna(2013): *Danziger Umgangssprache und ihre Spezifik,* Frankfurt a. Main.

Mitzka, Walther (1959): *Grundzüge norddeutscher Sprachgeschichte,* Gießen.

Mitzka, Walther (1928): *Sprachausgleich in den deutschen Mundarten bei Danzig,* Königsberg.

Sahm, Ruth (1943): *Zur mittelniederdeutschen Kanzleisprache Danzigs,* Diss., Marburg.

Simson, Paul (1904): *Geschichte der Danziger Willkür,* Danzig.

Simson, Paul (1913): *Geschichte der Stadt Danzig,* Bd. 1, Danzig.

Józef Grabarek (Gdańsk)

Zur Realisierung der standardsprachlichen vokalischen Neuerungen des Frühneuhochdeutschen im Text der Protokolle des Generallandtags von Preußen Königlichen Anteils (1527–1528)

Abstrakt: Die Analyse ergibt, dass der Text der Protokolle (16. Jh.) fast alle standardsprachlichen frnhd. vokalischen Neuerungen aufweist. Nicht realisiert wurden nur manche Ausgleicherscheinungen, was mit der zeitlichen und räumlichen Situierung des Textes übereinstimmt. Die konservative Graphie markierte nicht alle Neuerungen.

Schlüsselwörter: Frühneuhochdeutsch, omd. Kanzleisprachen, Danziger Kanzleisprache, vokalische standardsprachliche Neuerungen, regionale Varianten des Deutschen

1 Einleitung

1.1 Historischer Hintergrund

Das dem polnischen König unterstellte Preußen Königlichen Anteils wurde auf Grund der Beschlüsse des Zweiten Thorner Friedens (19.10.1466) gegründet und bestand bis zu der ersten Teilung Polens (05.08.1772). Dieses Land war durch eine Union mit den Ländern der polnischen Krone verbunden (vgl. *Preußen Königlichen Anteils,* in: de.wikipedia.org/wiki)

Dieses Land bildeten drei Wojewodschaften (Pommerellen/Danzig, Culm/Culmer und Michelauer Land, Marienburg mit Elbing und Stuhm) und das Fürstbistum Ermland.

Preußen Königlichen Anteils hatte anfangs eine große Autonomie. Die Autonomie zeigte sich

> im Bestehen eines eigenen Landtages, einer eigenen Landesregierung, eines eigenen Gerichtswesens, eigener diplomatischer Vertretungen, einer eigenen Wehrhoheit und dem Münzrecht [...]. Die Landesregierung (Landesrat) bestand aus zwei Kammern (eine für die Städte und die andere für den Adel). (Firyn 2012: 14)

Das Land hatte anfangs eigene Münzen (Gulden, Mark) und eigene Maße (z. B. Kulmer Hufe, Scheffel, Last).

Im Jahre 1526 wurde der Landtag von dem polnischen König in einen Generallandtag verwandelt, der zuerst aus drei Kammern bestand (vgl. Firyn 2012: 16 f.):

- der Oberkammer (Feudalherren, Bischöfe, Woiwoden, Burggrafen, Kämmerer);
- der Mittelkammer (Vertreter von Danzig, Thorn und Marienburg);
- der Unterkammer (Landadel, Vertreter kleiner Städte).

Die Beratungen fanden jedoch in zwei Gruppen statt:

- Gruppe des Adels und der Geistlichen,
- Gruppe der Bürger. Der König durfte keine Gesandten zum Generallandtag
  schicken.

1.2 Der Text der Protokolle

Die analysierten Texte sind keine offiziellen Protokolle, sondern nur Berichte
der Danziger
Schreiber, die die Danziger Delegationen zum Generallandtag begleiteten. Das
von den Schreibern gesammelte umfangreiche Material wurde in Danzig verar-
beitet und diese verarbeitete Version wurde im Danziger Ratsarchiv hinterlegt.
Die fast vollständig erhaltenen, aus 10 Bänden (600 bis 1500 Seiten) bestehenden Texte befinden sich im Danziger Staatsarchiv (Signaturen 300: 29/9 bis 300:
29/18) (vgl. Protokoły 2001: VIII). Bemerkenswert ist die falsche Reihenfolge der
ersten Protokolle. Es wird angenommen, dass es Kopien von Kopien sind. (vgl.
Protokoły 2001: X).

Der Text der Protokolle ist mit Ausnahme der Korrespondenz mit dem polni-
schen König Sigismund I. in deutscher Sprache verfasst. Die Korrespondenz mit
dem König und die Beglaubigungsschreiben und Legationen für Delegierte des
Königs (Jan Baliński und Mikołaj Działyński) sind in lateinischer Sprache verfasst.
Lateinisch sind auch bestimmte Formeln, die meist Datumsangaben sind und oft
Namen von Heiligen enthalten, z. B.:

- *uff Margaretae anno XXVII* (S. 65, 13.07.1527)
- *des tages Sanctae M Magdalenae Anno etc.* (S. 160, 15.03.1528)
- *am tage sanctae Priscae anno etc.* (S. 237, 18.01.1527) (vgl. Firyn 2012: 21 f.)

Die deutsche Sprache der Protokolle ist Frühneuhochdeutsch. Da Preußen königlichen Anteils und das Herzogtum Preußen die Nachfolgeländer des Ordensstaates waren und an die Kultur des Ordensstaates anknüpften, lässt sich annehmen,
dass auch die damaligen Schreiber die Schreibkonventionen der Ordenskanzlei
befolgten. Obwohl es Texte sind, die von Danziger Schreibern für den Danziger
Stadtrat angefertigt wurden, sind sie in dieser Konvention (ostmitteldeutsche

Kanzleisprache) verfasst. Im Text gibt es nur vereinzelte niederdeutsche Wörter (in Klammern die Seitennummern im Manuskript)

- *wat beger dasz sie dasselbige* […] (175)
- *zo dat schip villeychte eyne tyt lang* (317)

Die Protokolle wurden von mehreren Schreibern angefertigt. Die exakte Bestimmung ihrer Anzahl ist kaum möglich, da den Forschern Kopien von Kopien zur Verfügung stehen.

Anschließend werden die Protokolle von den Beratungen aus der Zeit zwischen Dezember 1526 bis Mai 1528 analysiert. Das Hauptthema der Beratungen war die vom polnischen König Sigismund I initiierte Währungsreform.

Im Weiteren werden die Texte der Protokolle von folgenden vier Generallandtagen untersucht:

- Protokoll des Thorner Generallandtags vom 13. Dezember 1526, der auf den 13. Januar 1527 nach Marienburg verlegt wurde;
- Protokoll des Elbinger Generallandtags vom 13.–22. Juli 1527;
- Protokoll des Elbinger Generallandtages vom 16.–21. März 1528;
- Protokoll des Marienburger Generallandtags vom 8.–22. Mai 1528.

Insgesamt sind es 336 Seiten.

Es wird überprüft, in welchem Grade die frnhd. standardsprachigen vokalischen Neuerungen in der ersten Hälfte des 16. Jh. realisiert wurden.

Der analysierte Teil der Protokolle wurde von Marian Biskup, Bogusław Dybaś und Janusz Tandecki unter dem Titel „Protokolle des Landtags von Königlich Preußen. Band I (1526-Mitte 1528)" editiert. Bei den zitierten Belegen werden die Nummern der Aufzeichnungen in der Druckausgabe angegeben.

2 Die standardsprachlichen vokalischen Neuerungen des Frühneuhochdeutschen

2.1 Die frnhd. standardsprachliche Diphthongierung
[iː], [yː], [uː] → [aɪ], [ɔʏ], [au]

Die frühneuhochdeutsche standardsprachliche Diphthongierung begann schon im 12. Jh. im Südbairischen (Kärnten, Südtirol) und erfasste bis Ende der mhd. Epoche den ganzen bairischen Sprachraum (vgl. Schmidt 2007: 360). Gegen Ende des Mittelhochdeutschen taucht sie im md., darunter auch im omd. Sprachraum auf. Die ältesten Belege für das Meißnische und Thüringische sind nicht jünger als das Frühneuhochdeutsche (vgl. Lindgren 1961). Die ältesten Belege für das

Böhmische stammen aus der zweiten Hälfte des 13. Jh. In der ersten Hälfte des 14. Jh. taucht die Diphthongierung im Ostfränkischen und etwas später im Schwäbischen auf. Wenige Jahrzehnte jünger sind die ältesten Belege aus dem Böhmischen und dem Südschlesischen (vgl. Moser 1929: 154 f.). Bei der Untersuchung der Texte der Breslauer Kanzlei aus den Jahren 1352–1560 konnte Bruno Arndt (1898) viele Belege für diese Erscheinung für den Textteil aus dem 15. Jh. finden. Auch die Texte Luthers weisen die neuen Diphthonge auf (vgl. Bach 1934: 28–30). Józef Grabarek (1984: 50–63) hat die ersten Belege für die Realisierung dieser Diphthongierung in der Gerichtskanzlei der Alten Stadt Thorn in den Texten aus dem ausgehenden 14. Jh. gefunden, wobei die Diphthongierung von [i:] etwas früher begann als die Diphthongierung von [u:] und [y:].

Es lässt sich also annehmen, dass die Diphthongierung im Text der Protokolle aus der ersten Hälfte des 16. Jh. völlig realisiert ist. Die Analyse des Textes bestätigt diese Annahme. An der Stelle des mhd. [i:], [u:] und [y:] tauchen die von der Realisierung der Diphthongierung zeugenden Graphemsequenzen auf:

frey – 67, 333, 406 u. ö.	*weib* - 191
bleyben - 189, 279, 446 u. ö.	*bleiben* - 79, 394, 446 sp.
reyffen - 190, 425	*meyne* - 131 (viermal), 135, 137 (dreimal),
seyn (Verb) – 181, 189, 203 sp.	*seynt* - 173, 226, 435 u. ö.
rathhawsz – 99, 295, 374 sp.	*rathawse* - 145, 195, 279
newe – 79, 150, 189 sp.	*euch* - 112, 137, 224 sp.
dewtsch - 122	*dewtsche* - 433
fewer – 415	

Nur im Falle der Präposition „auf" kommt sporadisch ein einfaches Graphem als häufigere Konkurrenzform vor:

auff – 66, 372, 377 (126 Belege) *auf* - 181, 191 (zwei Belege)
uff - 173, 179, 390 (229 Belege, darunter auch *bis uff* - zweimal)
uf - 224

Das Fehlen der Diphthongierung in der Präposition ergibt sich wohl daraus, dass der Vokal beim Gebrauch an ständig unbetonter Stelle im Satz mindestens teilweise gekürzt wurde. Dieser gekürzte Vokal wurde dann gesenkt:

off - 234, 235

Eine derartige Senkung erfolgte sowohl in der Standardsprache (*sommer*) als auch in der Mundart (*worst*).

Für den Text der Protokolle ist das Fehlen der Graphemsequenzen „ai" und „ay" charakteristisch. Als zweite Komponente des Diphthongs [aɪ] steht meist „y"

(Ausnahmen *bleiben* und *weib*) und als erste immer ein „e". Das Fehlen von „a" kann u.U. davon zeugen, dass der neue Diphthong noch nicht geöffnet wurde.

2.2 Die frnhd. standardsprachliche Monophthongierung: [ie], [uo], [ʏe] → [iː], [uː], [yː]

Die Diphthongierung begann schon um das Jahr 1100 im rheinfränkischen Sprachraum (vgl. Schirmunski 1962: 228 ff.). Die Lokalisierung war der Grund dafür, dass dieser Wandel auch mitteldeutsche Monophthongierung genannt wird (Schmidt 2007: 362). Bis Ende des Mittelhochdeutschen erfasste die Monophthongierung eigentlich den ganzen damaligen md. Sprachraum. In den Texten der Pragerkanzlei aus dem 14. Jh. sind die von der Realisierung der Monophthongierung zeugenden einfachen Grapheme an der Stelle der mhd. Diphthonge zu finden, wobei aber die Graphemsequenzen überwiegen (vgl. Bokova 1981: 183 f.). Auch in den Texten der Breslauer Kanzlei erscheinen die einfachen Grapheme um das Jahr 1400 (vgl. Arndt 1898: 80 f.). Der Monophthong [iː] für mhd. [iɛ] taucht 5 Jahre früher auf als der Monophthong [yː] für [yꞓ] und 10 Jahre früher als der Monophthong [uː] für [uo]. Auch in den ältesten Urkunden des Deutschen Ordens gibt es Belege für diese Monophthongierung. Die einfachen Grapheme treten schon im Text aus dem ausgehenden 13. Jh. auf. Doch die Graphemsequenzen sind nicht seltener als die einfachen Grapheme (vgl. Weller 1911: 55–61), was davon zeugt, dass die Schreiber unsicher waren oder der Schreibtradition folgten. Im Schöffenbuch der alten Stadt Thorn (vgl. Grabarek 1984: 68–72) ist die Monophthongierung bekannt. Die einfachen Grapheme für die mhd. Diphthonge [iɛ] und [ʏɛ] treten schon in den achtziger Jahren des 14. Jh. auf (*vil, brudern*). Der Gebrauch von „u" an Stelle des Diphthongs [uᵀᴹ] beginnt kurz vor 1400. Auch in den ältesten Ordensurkunden wechseln die einfachen Grapheme mit den Graphemsequenzen (vgl. Perlbach 1873).

So sei angenommen, dass diese Erscheinung den ganzen omd. Sprachraum noch vor dem Beginn des Frühneuhochdeutschen oder spätestens zu Beginn dieser Epoche erfasst hat. Dies ergibt sich aus den Forschungen von Gerhard Kettmann (1969) zur kursächsischen und von Emil Skala (1967) zur Prager Kanzlei. Diese Erscheinung blieb dem Bairischen und der Westhälfte des Ostfränkischen fremd (vgl. Schmidt 2007: 362). So könnte angenommen werden, dass die Monophthongierung in dem Text der Protokolle hätte realisiert werden müssen.

hir – 180	*hier* – 72, 180, 420 u. ö.
vil – 126, 177, 213 u. ö.	*viel* - 180, 235
vyl - 217, 220, 444 sp.	*lys* - 199
prister - 190	*priester* - 322

gut – 71, 178, 192 u. ö.   *bruder* (Sg.) – 273, 332,
tucher – 218   *(c)zu* (Präp.) - 132, 145, 153 u. ö.

In der altthornischen Kanzlei wurde sie noch vor 1350 realisiert (vgl. Grabarek 1984: 68 ff.).

2.3 Die frnhd. standardsprachliche Rundung

Die selten auftretende Rundung der ursprünglich flachen Vokale beruht auf der Anpassung an die Aussprache der benachbarten Konsonanten [f], [v] und [ʃ] (vgl. Schmidt 2007: 366):

mhd. *finf* → frnhd *fünf*   mhd. *zwelf* → frnhd. *zwölf*
mhd. *leffel* → frnhd. *löffel*   mhd. *schepfen* → frnhd. *schöpfen*
mhd. *well(e)n* → frnhd. *wöllen* → frnhd. *wollen*

Die Rundung von [ɛ] in [œ] und [e:] in [œ] begann im 13. Jh. im Alemannischen nach [f] und [v] und vor [ʃ] und [l]. Im 14. Jahrhundert taucht diese Rundung im Schwäbischen auf. Im gleichen Jahrhundert tauchen Belege im bairischen und mitteldeutschen Raum auf (vgl. Schmidt 2007: 366 f.).

Das [ø:] und [œ] wurde meistens als „o" mit einem hochgestellten „e" geschrieben. Im mitteldeutschen Sprachraum, wo der Umlaut grundsätzlich nicht markiert wird, ist an dieser Stelle das Graphem „o" zu finden. Mit diesen Graphemen wechselt hier das historisch begründete „e".

Im Schlesischen taucht diese Rundung eigentlich erst am Anfang des 16. Jh. auf (vgl. Arndt 1898: 28). In den Texten des Deutschen Ordens ist diese Erscheinung bis Mitte des Frühneuhochdeutschen kaum markiert und wohl auch nicht realisiert. Im altthornischen Schöffenbuch wurde die Schreibung von „wollen" mit „o" nur einmal gefunden (vgl. Grabarek 1980: 182). Im Buch der Danziger Kommende (Texte aus den Jahren 1284–1453) wird „wollen" nur mit „e" geschrieben:

wellen - 2, 245, 300 u. ö.

Das Numerale „zwölf" wird im altthornischen Schöffenbuch aus den Jahren 1363–1443 mit „e" geschrieben":

czwelff - K1098   *czwelf* - C/T 644

Mit „e" wird im altthornischen Schöffenbuch auch das Substantiv „Schöffen" geschrieben:

scheppen - C 23, 257, 517 u. ö.

Im analysierten Teil der Protokolle wird „wollen" sowohl mit „e" als auch mit „o" geschrieben:

wellen - 206, 376, 456 u. ö.   *wollen* - 138, 233, 439 u. ö.

Das Numerale „zwölf" kommt im analysierten Text nicht vor.

Die Rundung von [ɪ]/[iː] zu [ʏ]/[yː] begann ebenfalls gegen Ende des 13. Jh. im Hochalemannischen und verbreitete sich in der ersten Hälfte des 14. Jh. auf das ganze Alemannische und Schwäbische. Im 15. Jh. erfasste sie das Ostfränkische und Mitteldeutsche.

Sie erfolgte nach [v] und vor [ʃ] oder „Nasal- und Liquidverbindungen" (vgl. Schmidt 2007: 367). Im omd. Sprachraum ist eine nicht volle Realisierung anzunehmen, wovon das Fehlen der Grapheme „ü" und „ö" in den Wörtern zeugt, wo die Rundung anzunehmen ist. Da der Umlaut im Ostmitteldeutschen nicht besonders markiert wurde, erscheinen an dieser Stelle die Grapheme „u" und „o".

Einige Belege für diese Rundung sind bei Luther zu finden (vgl. Bach 1934: 21). Im altthornischen Schöffenbuch sind einige Belege für diese Neuerung zu finden (vgl. Grabarek 1984: 21–37 und Grabarek 1980: 266 und 285 f.):

vumff - K 455   *fumff* - K 136, 799, 1516 sp.
nummer - C/T 382   *fumff* - C/T 22, 799, 980 sp.
czwusschin - K 376   *czwuschen* - C/T 325, 665, 760 u. ö.

Im ältesten Teil des Schöffenbuches überwiegen Schreibungen der Präposition mit „i":

czwisschen - K1337, 1463, 1712 sp.

Das Adverb „nimmer"/"nimmermehr" wird dort meistens mit „y" geschrieben:

nimmer - K 1054, 1627, 1697 sp.   *nymmermer* - K 1110, 1444.

Die wechselnden Schreibungen zeugen davon, dass diese Rundung das Culmer Land nicht früher als in der zweiten Hälfte des 14. Jh. erfasst hatte.

Im analysierten Text der Protokolle ist das „u" in dem Numerale „fünf" vorherrschend:

funften – 446   *funftzig* - 456
funfhundert – 456   *funffhundert* – 450

Am Rande sei bemerkt, dass der Umlaut auch in den Texten der Ordenskanzlei grundsätzlich nicht markiert wurde (vgl. Grabarek 1984: 26).

2.4 Die Entrundung

Es war eine regionale Erscheinung, die sich in der Standardsprache nicht durchgesetzt hat (vgl. Schmidt 2007: 366). Es geht hier um die Entlabialisierung der im
Ergebnis des Sekundärumlauts entstandenen vorderen runden Vokale [ø:], [œ],
[y:], [ʏ], [œy], [ʏɛ] in entsprechend [e:], [ɛ], [i:], [ɪ], [eɪ]/[aɪ] und [iɛ].

mhd. *wörter* → frnhd. *werter*	mhd. *römisch* → frnhd. *remisch*
mhd. *münster* → frnhd. *minster*	mhd. *über* → frnhd *iber*

Die Realisierung dieser Erscheinung begann noch in der mhd. Zeit (12. Jh.) und
hat sich in einem Teil der Mundarten des hochdeutschen Sprachraums, besonders
aber im Bairischen und im Ostmitteldeutschen bis Mitte des Frühneuhochdeutschen durchgesetzt (vgl. Schmidt 2007: 366). Sie wurde aber nicht immer in der
Schrift fixiert, was Probleme mit der Bestimmung des Realisierungsgrades mit
sich bringt. Viele Schreiber bevorzugten Grapheme, die runde Vokale markieren.
Die Schreiber aus dem omd. Sprachraum mieden flache Vokale markierende
Grapheme (Moser 1929: 104). Die These bestätigen die Texte aus diesem Raum.
Heinrich Bach (1934: 26) hat bei Luther zwei Belege für die Schreibung von „e"
an der Stelle von „oe" gefunden, die er als Markierung des Umlauts interpretiert
(*gettlich, Prebstey*).

Es wurden keine sicheren Belege für die Entrundung im Text des Schöffenbuches der Alten Stadt Thorn gefunden (vgl. Grabarek 1984: 39 f. und 57 ff.). Keine
Belege liefert auch das Danziger Komtureibuch (Liber commendarie Gedanensis)
und der Text der Protokolle. Es kann nicht entschieden werden, ob dies die Folge
der Nichtrealisierung oder der Nichtmarkierung dieser Erscheinung ist.

2.5 Die Dehnung der mhd. kurzen Vokale

Kurze Vokale wurden in der Tonsilbe gedehnt, wenn diese Silbe offen war, und
in einer geschlossenen Tonsilbe, wenn diese Silbe im Paradigma geöffnet werden
konnte.

So wurden zum Beispiel die mhd. Wörter

lĕben	*gĕben*	*trägen*	*bŏte*	*lĭgen*

zu frnhd. Wörtern

lēben	*gēben*	*trägen,*	*bōte*	*lī(e)gen.*

Gedehnt wurden außerdem kurze Vokale in einsilbigen Adverbien und Pronomen
vor [l], [r], [m] und [n] (vgl. Schmidt 2007: 362 f.):

wol → *wōl*   *her* → *hēr*   *dem* → *dēm*   *den* → *dēn*

Lokal trat die Dehnung vor [lr], [rt], [rd] auf: *art* → *ārt, erde* → *ē* (vgl. Ebert u.a. 1993: 72). Die Dehnung unterblieb vor „sch" und vor „ch" mit Ausnahme von [u] und [ʏ] (*kuchen, küche*). Sie ist manchmal auch vor [d], [t] und [m] nicht eingetreten (*wider, weter, himel*).

Die Dehnung der kurzen Vokale begann in der mhd. Zeit im Niederfränkischen (Mittelniederfränkisch). Manche Forscher nehmen sogar das ausgehende Althochdeutsche als Zeit des Beginns dieser Erscheinung an (Altniederfränkisch) (vgl. Schmidt 2007: 364). Es lässt sich nicht nachweisen, ob die Realisierung dieser Erscheinung im wmd. Sprachraum schon im Mittelhochdeutschen abgeschlossen war (vgl. Ebert u.a. 1993: 71). Im oberdeutschen und im rheinfränkischen Sprachraum wurde die Dehnung sicherlich bis ins Frühneuhochdeutsche nicht völlig realisiert (vgl. Riecke 1998). Im omd. Sprachraum war diese Erscheinung schon am Anfang des Frühneuhochdeutschen bekannt. Heinrich Bach (1934: 35 f.) stellt fest, dass diese Erscheinung „bei Luther im Großen und Ganzen wie im nhd. durchgeführt" ist. Luther bezeichnete die Länge meist mit „h" oder durch Verdoppelung („ee", „aa").

Es wird also angenommen, dass die Dehnung im ersten Jahrhundert der frnhd. Epoche in der Thorner Gerichtskanzlei mindestens teilweise realisiert wurde (vgl. Grabarek 1984: 26–43). Die Bestimmung der Vokalquantität ist durch das Fehlen der regelmäßigen graphischen Markierung der Länge erschwert. Bei der Beschreibung dieser Erscheinung muss die räumliche und zeitliche Zugehörigkeit des gegebenen Textes in Betracht gezogen werden.

Im Allgemeinen gab es drei Möglichkeiten der Markierung der Vokallänge (vgl. Schmidt 2007: 351 f.):

- die Verdoppelung von Vokalen (*taal, voor*),
- das Ansetzen von „i", „e" und ganz selten „y" nach dem betreffenden langen Vokal
  (*broid, Soest, huys*),
- das Ansetzen von „h" - bis Mitte des 16. Jh. selten und unregelmäßig (*jahr, zihen.*).

Das Graphem „e" war charakteristisch für die Markierung der Länge im Falle des monophthongierten mhd. [iɛ] (*lieb, hier*).

Aufgrund dieser Merkmale und aufgrund der räumlichen und zeitlichen Zugehörigkeit der Protokolltexte kann angenommen werden, dass die Dehnung im Text der Protokolle realisiert ist:

nehmen – 149   annehmen – S. 90, 266, 429
hyn und heer - 95, 177, 427 sp.   dieser - 113, 456
nemen – 90, 128, 176 sp.   annemen – 96, 222, 223 sp.

2.6 Die Kürzung der alten Längen

Lange mhd. Monophthonge wurden vor mehrfacher Konsonanz und in unbetonten Nebensilben gekürzt (vgl. Schmidt 2007: 365):

mhd. *dāhte* → frnhd. *dachte*   mhd. *hērre* → frnhd. *herr*
mhd. *klāfter*→ frnhd. *klafter*   mhd. *gartenaere* → frnhd. *gärtner*

Diese Kürzung kam manchmal auch vor ursprünglich einfachem Konsonant vor,
der später als Doppelgraphem notiert wurde:

mhd. *muoter* → frnhd. *mūter* → frnhd. *muter* → frnhd. *mutter*
mhd. *rüeȝ el* → *frnhd. rūsel* → *rüsel* → *rüssel*

Der lange Vokal wurde mundartlich auch vor „sch" gekürzt (z. B. im Thüringischen, Moser 1929: 81):

mhd. *rûschen* → frnhd. *ruschen*

Einer Kürzung unterlagen auch manche infolge der Monophthongierung entstandene neue lange Monophthonge, wenn sie vor „ch" oder mehrfacher Konsonanz
standen:

mhd. *lieht*   → frnhd. *līht/līcht*   → frnhd. *licht*
mhd. *stuont*   → frnhd. *stūnt/stūnd*   → frnhd. *stund*
mhd. *nüechtern*   → frnhd. *nūchtern*   → *nüchtern*

Manchmal wurde die Kürzung infolge der Zusammensetzung entstandener
mehrfacher
   Konsonanz an der Morphemgrenze durchgeführt:

mhd. *hōchzīt* → frnhd. *hochzeit*   mhd. *hôchvart* → frnhd. *hochfart*

Da es damals in der Graphie keine besondere Markierung der Vokalkürze gab,
lässt sich die Verbreitung der Kürzung kaum erfassen (Schmidt 2007: 365). Die
regelmäßige Markierung der Kürze durch Doppelkonsonanz lässt sich erst für das
16. Jh. nachweisen (Moser 1929: 79–82). Es wird aber angenommen, dass diese
Erscheinung schon in der mhd. Zeit (12. Jh.) begann. Da diese Erscheinung im
Ostmitteldeutschen, im Ostfränkischen und im Norden des Hessischen durch-
gehend realisiert wurde, sei angenommen, dass sie in diesem Raum begonnen

haben musste. Die Kürzung wurde unregelmäßig mit Hilfe der nachfolgenden Doppelkonsonanz markiert (*bitte, rennen*) oder blieb unmarkiert (*muter*).

Die Forscher haben jedoch hier und da von der Kürze des Vokals zeugende Doppelungen gefunden (Bach 1934: 37 f. - *gabbel, odder. eddelstein* usw.; Grabarek 1984: 68–70 - *nymand, nymmer, nymmermer, virczig* usw.).

Aufgrund der Schreibung von einzelnen Wörtern

dachten – 323	*Ostern* - 294
ymmer - 227, 371, 446 sp.	*vil* - 177, 202, 442 u. ö.

und des mundartlichen Übergangs des [ᵀᴹ] in [a]

ader - 120, 215, 449 u. ö.

sowie der zeitlichen und räumlichen Zugehörigkeit des Textes (16. Jh., omd. Sprachraum) kann angenommen werden, dass die frnhd. Kürzung im Text der Protokolle als realisiert angenommen werden kann. Es wurden viele weitere Belege für die omd. Öffnung von [ᵀᴹ] gefunden, wobei aber die Schreibungen mit „a" mit Schreibungen mit „o" wechseln:

sal – 398, 422, 449 sp.	*sol* – S. 312, 446, 456 sp.
van – 173, 178, 184 u. ö.	*von* – 178, 189, 359 u. ö.

2.7 Die Senkung der hohen Vokale

Die Senkung von [ʏ] und [u] entsprechend zu [œ] und [ɔ] begann im Mitteldeutschen noch in der mhd. Zeit im Mittelfränkischen (Ripuarisch, Moselfränkisch) und hat sich dann im Ostmitteldeutschen und Oberdeutschen durchgesetzt (vgl. Moser 1929: 137–142). Sie wurde aber bis Ende des Frühneuhochdeutschen nicht abgeschlossen (vgl. Schmidt 2007: 367). Diese Senkung wurde vor einfachen Nasalkonsonanten und Nasalverbindungen realisiert:

mhd. *sun* → frnhd. *son* → frnhd. *sōn*	mhd. *sunne* →frnhd. *sonne*
mhd. *sumer* → frnhd. *sommer*	mhd. *sunst* → frnhd. *sonst*
mhd. *künec* → frnhd. *könig/konig*	mhd. *sumer* → frnhd. *somer/sommer*

Auch in anderer Distribution (vor [r] oder [l] plus Konsonant) wurde diese Erscheinung sporadisch realisiert:

mhd. *wurst* → frnhd.(md.) *worst*

Das mhd. [ɪ] wurde nur vereinzelt und dazu meist nur in den Mundarten gesenkt (vgl. Schmidt 2007: 368). Diese Senkung erfolgte auch in der Nachbarschaft von [b], dessen spirantisierte Aussprache dem [v] nahe stand.

mhd. *biben* → frnhd. *beben*   mhd. *siben* → frnhd. (md.) *seben*

mhd. *himel* → frnhd. (md.) *hemel*

Diese Senkung ist im Schöffenbuch der Alten Stadt Thorn nicht nur standardsprachlich, sondern auch nicht standardsprachlich realisiert (vgl. Grabarek
1984: 34), wobei die von der Senkung zeugenden Grapheme in der Regel vor
Sonorkonsonanten stehen

molner - K 1131, 1488, 1593, 1730	*moler* - K 243, 924	*möler* - K 610
borge - K 571	*borghen* - K 464	*börgen* - K 526
korsener - K 431, 847, 1172 u. ö.	*konige* - K 1694	*monch* - K 324, 368, 598
solden - K 376, 433	*sollen* - C/T 938	
sulde - K 7, 815, 1366 sp.	*sullen* - C/T 16, 466, 1061 u. ö.	
orteil - K 335, 1110, 1586 u. ö.	*non(n)en* - K 815, 1430, 1974 sp.	
scholt - K 138, 341, 459 sp.	*scholt* - C/T 9, 312, 764, 909	
son - K 241, 1059, 1697 u. ö.	*kunden* - C/T 210, 229	

Um das Jahr 1400 beginnt die Verdrängung des „o" durch „u" vor [l] und [r]+
Konsonant

burge - K 14, 338, 470 sp.	*burge* - C/T 173, 568, 892 sp.
schuld - K 1046, 1376, 1649	*schuld* - C/T 63, 557, 753 u. ö.
kursener - K 1023, 1210	

Im Text der Protokolle ist der erwartete Zustand (Realisierung der Senkung) zu
finden

frommen - 120, 181, 409 sp.	*fromme* – 107
mogen – 117, 313, 451 sp.	*mugen* – 235
andtwort - 115, 224, 381 sp.	*andtwurt* – 109, 159, 431 sp.
konig - 231 (zweimal)	*koning* - 147, 265, 387 sp.
burge - 187	*burgen* - 334
sollen - 236, 446, 457 sp.	*sullen* - 183, 305, 445 u. ö.
konnen - 198, 287, 442 u. ö.	*kunden* - 178, 304, 413 u. ö.
sommer - 231, 316	

Aus der Analyse der Belege ergibt sich, dass die Realisierung dieser Neuerung dem
Neuhochdeutschen näher steht, als dies im ersten Teil des altthornischen
Schöffenbuches der Fall ist (vgl. Grabarek 1984: 33–40). Die Senkung ist dort
erhalten geblieben, wo dies in der nhd. Standardsprache der Fall ist (*mögen,
König, fromm, Sommer*). In Übereinstimmung mit der Standardsprache ist sie
in solchen Wörtern wie *burge/burgen* rückgängig gemacht worden. In manchen

Fällen (*Antwort, sollen*) sind im Text der Protokolle beide Schreibungen zu finden („a", „o"), was von dem Übergangsstadium zeugt.

2.8 Der Zusammenfall der alten und neuen Diphthonge

Die alten mhd. Diphthonge [eɪ], [œu] und [ou] sind mit den neuen Diphthongen [eɪ]/[aɪ], [ɔʏ] und [au] im Laufe des Frühneuhochdeutschen zusammengefallen (vgl. Schmidt 2007: 369 f.). Dieser Wandel begann im ersten Jahrhundert des Mittelhochdeutschen im obd. Sprachraum, wo die alten Diphthonge am frühesten zu [ae] und [ao] geöffnet wurden. So fällt seine Realisierung zeitlich mit der Diphthongierung zusammen. Noch zu Beginn des Frühneuhochdeutschen wurden die alten und die neuen Diphthonge in den md. Texten z.T. auseinandergehalten. Doch mit der Zeit hat sich der Zusammenfall durchgesetzt. So kann für die zweite Hälfte des Frühneuhochdeutschen in der Standardsprache der Zusammenfall als realisiert bezeichnet werden.

Am Rande sei bemerkt, dass die alten Diphthonge [ou]/[au] und [eɪ]/[ai] im Mitteldeutschen (z. B. im Schlesischen - vgl. Moser 1929: 178) und im Ostfränkischen entsprechend zu [o:] und [e:] monophthongiert wurden (vgl. Schirmunski 1962: 233–236). Diese Monophthongierung wird von einem Teil der Forschung als Fortsetzung der ahd. Monophthongierung betrachtet (vgl. Schmidt 2007: 369).

weis → *wees*	*klein* → *kleen*	*loufen/laufen* → *loofen*
boum/baum → *boom*	*koufen/kaufen* → *koofen*	

Seltener wird [aɪ] zu [a:]. So war es in einem Teil des Ostfränkischen (vgl. Schirmunski 1962: 233):

weiʒ/waiʒ → *was* ([va:s])

Schwach belegt ist die Monophthongierung von [œu] (*châflich*).

In den ältesten Texten der altthornischen Gerichtskanzlei gibt es keine Belege für die Monophthongierung von [œu] und [ou], einige Belege wurden dagegen für die Monophthongierung von [eɪ] zu [e:]/[e] oder [i:]/[ɪ] gefunden (vgl. Grabarek 1984: 63–73]:

hiligen - K 21, 459, 1248 sp.	*heiligen* - K 901, 1416, 1853 sp.
Henr(ich) - K 49, 278, 526 sp.	*Henrich* - C/T 22, 644, 754 sp.
Heinrich - K 40, 879, 1806 sp.	*Heinrich* - C/T 34, 515, 1039 u.ö.
Hinreich - K 1925	*Hinrich* - C/T 190, 860, 1053 u.ö.
czwenczig - K 553, 655, 1347 sp.	*czwenczig* - C/T 3, 1002, 1043 sp.

Im analysierten Teil der Protokolle wurden nur ganz wenige Belege für die Monophthongierung von [eɪ] gefunden:

Henrich - 65   *Hinrich* - 174   *Heinrich* - 144

Es wurden einige Belege für die mundartliche Monophthongierung in der ersten und dritten Person Sg. des Verbs „wissen" gefunden:

Dan wer wess, wie es Got des Sterbens halben in mitteler zeit schicken kan ader wil.-120
Gnedige gunstige heren ich wess E Gnaden nicht zu bergen […] - 126

Die alten und die neuen Diphthonge sind nicht völlig zusammengefallen.

Ein Zusammenfall kommt im Falle von [e|]/[a|] vor, da die Diphthongierung des alten [i:] in diesem Sprachraum schon um das Jahr 1400 völlig realisiert wurde (vgl. Grabarek 1984: 51). Sowohl der alte als auch der neue Diphthong werden durchgehend mit *ey* geschrieben.

meynen - 180, 195 (Verb)   *meyne* - 131, 134, 137 sp. (Pronomen)
eyn - 65, 190, 269 u. ö.   *cleyne* - 192, 203, 427 sp.

Da die Diphthongierung von [u:] später realisiert wurde, wird der neue Diphthong nicht nur mit Hilfe einer Graphemsequenz (meist *aw*), sondern auch mit Hilfe der einfachen Grapheme *u* oder *o* geschrieben,

awss - 180, 281, 449 u. ö.   *aus* - 232, 234, 235 sp.
auf - 189, 191   *off* - 234, 235
uf - 224   *uff* - 173, 336, 421 u. ö.
hawss - 317

während im Falle des alten Diphthongs die Graphemsequenzen *ou/ow* häufiger als *au/aw* zu finden sind:

ouch - 193, 208, 418 u. ö.   *auch* - 105, 375, 443 u. ö.
vorkouft - 218, 317   *frawen* - 140
howptmann - 128, 265, 377

Die z.T. unterschiedliche Schreibung des neuen und alten Diphthongs lässt die Annahme zu, dass diese Diphthonge nicht völlig zusammengefallen sind.

Es wurden nur Belege mit dem neuen Diphthong [ɔʏ] gefunden

newe - 189, 277, 447 u. ö.   *newen* - 192, 421, 447 u. ö.

So lässt sich nicht feststellen, ob in diesem Falle der alte Diphthong mit dem neuen zusammengefallen ist.

2.9 Ausgleicherscheinungen im Bereich des Vokalismus

Im Bereich des Vokalismus geht es um folgende Erscheinungen (vgl. Schmidt 2007: 371–373):

- Beseitigung der Hebung bei den starken Verben der dritten und vierten Ablautreihe
  In der ersten Person Singular wurde die Hebung beseitigt (Angleichung an die Infinitivform):
  mhd. *ich hilfe* → frnhd. *ich helfe*   mhd. *ich spriche* → frnhd. *ich spreche*

- Ausgleich zwischen den Singular- und Pluralformen des Präteritums der starken Verben,
  mhd. *steic* vs. *stigen*   frnhd. *stieg* vs. *stiegen*
  mhd. *bouc* vs. *bugen*   frnhd. *bog* vs. *bogen*
  mhd. *sang* vs. *sungen*   frnhd. *sang* vs. *sangen* (seltener *sungen*)
  mhd. half vs. *hulfen*   frnhd. half vs. *halfen*

- Ausgleich im Bereich der Stammsilbenvokale des Präsens und des Präteritums mancher
  schwacher Verben (beim sog. Rückumlaut).
  Hier erfolgte die Angleichung an die Infinitivform:
  mhd. *hœren - hôrte - gehôrt* → frnhd. *hören - hörte - gehört*

- quantitativer Ausgleich im Bereich der Präteritalformen im Ergebnis der Dehnung:
  mhd. *was* vs. *wâren*   → frnhd. *war [va:r] waren [va:rən]*

Im Falle von *war* erfolgte außerdem die Beseitigung des grammatischen Wechsels.
   Die Realisierung der Ausgleicherscheinungen dauerte mehrere Jahrhunderte. Sie begann noch im Mittelhochdeutschen und wurde erst gegen Ende des Frühneuhochdeutschen realisiert (vgl. Schmidt 2007: 372).
   Die Beseitigung der Hebung in der ersten Person Singular starker Verben kann nur angenommen werden, denn sie wurde zu dieser Zeit im ganzen md. Sprachraum realisiert.
   Im Text der Protokolle gibt es keine Formen der starken Verben der vierten und fünften Ablautreihe in der ersten Person Singular Indikativ. So kann die Angleichung an den Infinitivstamm nur aufgrund der zeitlichen und räumlichen Situierung des Textes angenommen werden.
   Die Form *gebe* ist die dritte Person Singular Konjunktiv I:

[…] *so och das Got gebe die newe muntze geslagen wurde* […] - 128

[...] *das der kauffmann unden und obene das bawgelt gerne gebe* [...] - 130

[...] *das men ihn yodoch uff gutte burgeschaft frey gebe* [...] - 333

Auch für den vokalischen qualitativen Ausgleich zwischen den Plural- und Singularformen des Präteritums der starken Verben wurden im Text der Protokolle keine Belege gefunden.

Der Infinitiv „hören" wird immer mit „o" geschrieben, was wohl die Folge der Nichtmarkierung des Umlauts in der Ordenskanzlei und ihren Nachfolgekanzleien in der ersten Hälfte des Frühneuhochdeutschen ist:

horen - 144, 176, 444

Für die Präteritalformen dieses Verbs wurden keine Belege gefunden. So lässt sich über die Realisierung dieser Art des Ausgleichs keine Feststellung formulieren.

Da im Falle von *waren* und *war* die Quantität des Vokals nicht markiert wurde,

waren - 279, 379, 427 sp.   *war* - 235

kann nur aufgrund der zeitlichen und räumlichen Verbreitung der Dehnung, die im 13. Jh. im Ostmitteldeutschen realisiert wurde (vgl. Frühneuhochdeutsche Grammatik 1993: 73), mit hohem Sicherheitsgrad angenommen werden, dass der Vokal in *war* lang war.

Schlussgedanken

Aufgrund der durchgeführten Analyse lässt sich feststellen, dass der Text fast alle erwarteten standardsprachlichen frnhd. Neuerungen im Bereich des Vokalismus aufweist. Die wenigen Abweichungen ergeben sich daraus, dass die Graphie damals konservativer war als die gesprochene Sprache. Nicht realisiert wurden manche Ausgleicherscheinungen, was mit der zeitlichen und räumlichen Situierung des Textes übereinstimmt.

Im Falle der Protokolle liegt ein typisch frnhd. Text vor. Obwohl der Text von Danziger Schreibern für den Danziger Rat verfasst wurde, lassen sich keine größeren niederdeutschen Einflüsse feststellen. Es gibt auch keine Einflüsse der polnischen Sprache. Derartige Einflüsse wären keine besondere Erscheinung, da das Land ein Bestandteil der polnischen Krone war.

Primärliteratur (Druckausgaben)

Liber commendarie Gedanensis/Księga komturstwa Gdańskiego (1985), herausgegeben von Karola Ciesielska, Irena Janosz-Biskupowa, Warszawa/Poznań/Toruń: Panstwowe Wydawnictwo Naukowe.

Liber scabinorum veteris civitatis Thoruniensis 1363–1428, herausgegeben von Kazimierz Kaczmarczyk, Toruń 1936: Towarzystwo Naukowe w Toruniu (= Fontes 29) (Kurzform K).

Liber scabinorum veteris civitatis Toruniensis (1428–1456). *Prima pars (1428–1443)*, herausgegeben von Karola Ciesielska und Janusz Tandecki, Toruń 1992: Towarzystwo Naukowe w Toruniu (= Fontes 75) (Kurzform C/T).

Protokolle des Landtags von Königlich Preußen. *Band I (1526-Mitte 1528* (2001), herausgegeben von Marian Biskup, Bogusław Dybaś, Janusz Tandecki, Toruń: Towarzystwo Naukowe w Toruniu.

Sekundärliteratur

Arndt, Bruno (1898): *Der Übergang vom Mittelhochdeutschen zum Neuhochdeutschen in der Sprache der Breslauer Kanzlei*, Breslau: M. & H. Marcus.

Bach, Heinrich (1934): *Laut- und Formenlehre der Sprache Luthers*, Kopenhagen: Levin & Munksgaard.

Bokova, Hildegard (1981): *Zur Sprache der deutschen Urkunden der südböhmischen Adelsfamilie von Rosenberg (1300–1411)*, Leipzig: VEB Bibliographisches Institut (in: BES 1, S. 171–189)

Ebert, Peter Robert/Reichmann, Oskar/Solms, Hans Joachim/Wegera, Klaus-Peter (1993): Frühneuhochdeutsche Grammatik, herausgegeben von Oskar Reichmann und Klaus-Peter Wegera, Tübingen: Max Niemeyer Verlag.

Firyn, Sylwia (2012): Junktoren im Text der Protokolle des Generallandtags von Preußen Königlichen Anteils aus den Jahren 1526–1528, Frankfurt am Main u.a.: Peter Lang (= Schriften zur diachronen und synchronen Linguistik, Band 6).

Grabarek, Józef (1984): Die Sprache des Schöffenbuches des Alten Stadt Toruń, Rzeszów: Wydawnictwo WSP.

Herrlitz, Wolfgang (1970): Historische Phonologie des Deutschen, Teil I: Vokalismus, Tübingen: Max Niemeyer Verlag.

Kettmann, Gerhard (1969): Die kursächsische Kanzlei zwischen 1486 und 1546. Studien zum Aufbau und zur Entwicklung, 2. Aufl. Berlin: Akademie-Verlag.

KLUGE: Etymologisches Wörterbuch der deutschen Sprache, bearbeitet von Elmar Seebold, 24. durchgesehene und erweiterte Auflage, Berlin/New York: Walter de Gruyter.

Lindgren, Kay Brynolf (1961): Die Ausbreitung der neuhochdeutschen Diphthongierung bis 1500, Helsinki: Suomalainen tiedeakatemia.

Mettke, Heinz (1978): Mittelhochdeutsche Grammatik: Laut- und Formenlehre, vierte Auflage, Leipzig: VEB Bibliographisches Institut.

Mitzka, Walther (1937): Grundzüge nordostdeutscher Sprachgeschichte, Halle/ Saale: Niemeyer.

Moser, Virgil (1929): Frühneuhochdeutsche Grammatik, I.. Band: Lautlehre, 1. Hälfte: Orthographie, Betonung, Stammsilbenvokale, Heidelberg: Carl Winter's Universitätsbuchhandlung.

Paul, Hermann (1929). Mittelhochdeutsche Grammatik, zwölfte Auflage, bearbeitet von Erich Gierach, Halle (Saale): Max Niemeyer Verlag.

Penzl, Herbert (1969): Geschichtliche deutsche Lautlehre, München: Max Hueber Verlag.

Perlbach, Max (1873): *Die ältesten preußischen Urkunden. Kritisch untersucht,* in: *Altpreußische Monatsschrift,* Bd. 10/1873.

Riecke, Ursula (1988): Studien zur Herausbildung der neuhochdeutschen Orthographie. Die Markierungen der Vokalquantitäten in deutschsprachigen Bibeldrucken des 16.–18. Jahrhunderts, Heidelberg: Carl Winter.

Schirmunski, Viktor Maksimowitsch (1962): Deutsche Mundartkunde: Vergleichende Laut- und Formenlehre der deutschen Mundarten, Berlin: Akademie Verlag.

Schmidt, Wilhelm (2007): Geschichte der deutschen Sprache: Ein Lehrbuch für das germanistische Studium, 10., verbesserte und erweiterte Auflage, erarbeitet unter der Leitung von Helmut Langner und Norbert Richard Wolf, Stuttgart: S. Hirzel Verlag.

Skála, Emil (1967): *Die Entwicklung der Kanzleisprache in Eger 1310–1660,* Berlin: Akademie-Verlag.

Weller, August (1911): *Die Sprache in den ältesten Urkunden des deutschen Ordens,* Breslau: M.& H. Marcus.

Internetquellen

Preußen Königlichen Anteils, in: de.wikipedia.org/wiki

3 Thorn

Hanna Biaduń-Grabarek (Gdańsk)

Zur Realisierung der mundartlichen frühneuhochdeutschen Neuerungen im Schöffenbuch der Alten Stadt Thorn (1363–1443)

Abstrakt: Aufgrund der Analyse lässt sich feststellen, dass manche mundartliche Neuerungen völlig realisiert wurden (z. B. die Senkung von [i:] zu [e:], die Hebung von [ɛ]/[ə] in den Nebensilben, die Öffnung von [ɔ] zu [a]/[ɑ] und die Verdumpfung von [a:] zu [o:]/[ɔ:]. Die übrigen mundartlichen Neuerungen wurden teilweise realisiert.

Schlüsselwörter: Frühneuhochdeutsch, omd. Kanzleisprachen, Ordenssprache, Thorner Stadtkanzlei, vokalische mundartliche Neuerungen

Historischer Hintergrund

Die erste Thorner Ordensburg wurde im Jahre 1231 als erster Stützpunkt des Ordens im Culmer Land erbaut. Der Grundsteinleger war der Landmeister Hermann von Balk, der 1230 mit sieben Ordensrittern und etwa 700 Mann Gefolge, die vorwiegend aus Westfalen stammten, ins Land gekommen ist. Er errichtete die Burg Nessau (vgl. Zimmerling 1988: 61). Am 28. Dezember 1233 bekam Thorn mit der Culmer Handfeste das Stadtrecht. Die Zeugen der Handfeste waren Ritter aus Thüringen und Obersachsen: Bernhard von Kamenz, Johann von Pak und Friedrich von Zerbst. Die beiden ersten Kolonialzüge in das damalige Ordensland kamen aus Mitteldeutschland (wohl über Schlesien), die drei nächsten aus Norddeutschland (vgl. Mitzka 1937: 71).

Nach dem Misserfolg im Krieg gegen Polen im Jahre 1331 wurde der Weg über Schlesien von Polen geschlossen. Noch etwas früher wurde ein neuer Weg im Norden geöffnet, was nach der Besetzung Danzigs und Pommerellens im Jahre 1308 erfolgte. Im Vertrag von Soldin (13.09.1309) erwarb der Orden vom brandenburgischen Markgrafen Waldemar für 10 000 Silbermark brandenburgischen Gewichts einen Teil des strittigen Landes. Der westliche Teil des Landes mit Stolp, Rügenwalde und Bütow ging an die Swenzonen als brandenburgische Lehnsnehmer, der östliche Teil mit Danzig und Schwetz an den Orden.

Gegen Ende des Jahres 1309 kam der Hochmeister Siegfried von Feuchtwangen aus Marburg nach Marienburg. Marienburg war dann bis 1455 die Hauptstadt des Ordensstaates. Danach kam es zum niederdeutschen Durchbruch an der unteren Weichsel. Seit etwa 1320 kamen fast ausschließlich niederdeutsche Siedler ins Land.

Im Friedensvertrag von Kalisch (08.07.1343) erkannte es der polnische König Kasimir der Große als legales Eigentum der Ordens an. Kasimir verzichtete auch auf die Ansprüche auf das Culmer Land und das Michelauer Land. Er erhielt dafür Kujawien und das Dobriner Land zurück.

Es kann angenommen werden, dass die ursprüngliche mitteldeutsche Bevölkerung des Ordenslandes von den Kolonisten aus Norddeutschland überschwemmt wurde. So war es auch in Thorn, wo in der zweiten Hälfte des 14. Jh. die meisten Bürger aus dem Gebiet der niederdeutschen Mundarten stammten, was J. Grabarek (1989) anhand der Namen der Einwohner von Thorn im alt- und neustädtischen Schöffenbuch nachgewiesen hat.

Die Namen des Typs Vorname + von + Ortsname und Vorname + Ortsname weisen in erster Linie auf Westfalen, Nordniedersachsen, Schlesien, Flandern und das übrige Ordensland hin. Aufgrund der Analyse der Frequenz der Eigennamen konnte angenommen werden, dass in der Stadt eine niederdeutsche Mischmundart gesprochen wurde. Als offizielle Sprache der alt- und neustädtischen Kanzlei galt nach wie vor das Ostmitteldeutsche. In dieser Schriftsprache erfolgte die Korrespondenz mit dem Hochmeister und den Kommenden des Deutschen Ordens, nur an den polnischen König wurde in lateinischer Sprache geschrieben.

Zum analysierten Text

Die Sprache des Schöffenbuches ist eine omd. Kanzleisprache, eigentlich ohne niederdeutsche und polnische Einflüsse, obwohl im Text mehrere polnische Antroponyme und Toponyme auftauchen. Lateinische Phrasen sind selten zu finden. Im Weiteren wird der Text aus den Jahren 1363–1446 (erstes Jahrhundert des Frühneuhochdeutschen) untersucht.

Dieser Teil der altthornischen Schöffenbücher wurde in Druck herausgegeben:

- *Liber scabinorum veteris civitatis Thoruniensich 1363–1428*, Kazimierz Kaczmarczyk, im Jahre 1936 (K),
- *Liber scabinorum veteris civitatis Thoruniensich 1428–1443. Prima Pars 1428–1443)*, Karola Ciesielska und Janusz Tandecki, im Jahre 1992 (C).

Bei Angaben der Belege werden die Nummern der Aufzeichnungen in den Druckausgaben angegeben, was die Suche nach der betreffenden Stelle erleichtert (z. B. K - 176; C - 213).

Das mhd. und das frnhd. Vokalsystem

Beim Übergang zum Frühneuhochdeutschen wurden folgende standardsprachliche vokalische Innovationen durchgeführt:

- die frnhd. Diphthongierung,
- die frnhd. Monophthongierung,
- die Dehnung der mhd. kurzen Vokale,
- die Kürzung der mhd. langen Vokale,
- die Rundung,
- die Entrundung,
- die Senkung der hohen Vokale,
- der Zusammenfall der alten und neuen Diphthonge,
- vokalische Ausgleicherscheinungen.

Außer den standardsprachlichen Neuerungen gab es eine Reihe von mundartlichen Neuerungen, wobei hier nur diejenigen präsentiert werden, die ein größeres Gebiet erfasst haben. Zu diesen Neuerungen gehören:

- die mundartliche Diphthongierung der langen hohen Vokale;

Diese mundartliche Diphthongierung erfolgte grundsätzlich nur im Oberdeutschen. Im Ergebnis dieser Diphthongierung von ursprünglich langen und gedehnten Vokalen entstanden dort die fallenden Diphthonge und zwar

- [i:] wurde zu [ie]/[iɛ]/[iə]: *wier mier diechter*
- [u:] wurde zu [uɑ]/[uɔ]/[uo]: *bruoder/bruader, natuor, nuor*
- [y:] wurde zu [ʀe]: *füerst, gebüer, spüeren*

Im Ostmitteldeutschen war diese Diphthongierung nicht bekannt.

- die mundartliche Diphthongierung von [a:] und [o:];

Die Diphthongierung des [a:] zu [aɔ]/[ao] erfolgte am Anfang des Frühneuhochdeutschen im Schwäbischen, Hochalemannischen, Ostfränkischen und Nordbairischen (Moser 1929: 145 f.):

jaur   aun   wauren

Oft wurde über das „a" ein kleines „u" (statt des nachstehenden „u") gestellt.
      Später tauchten die Schreibungen „ou" und „o" mit einem hochgestellten „u" auf. Dies war das Übergangsstadium zum Monophthong (überoffenes [ɔ:], das dann zu [a:]/[ɑ] wurde. Dieser Wandel erfolgte im zweiten Jahrhundert des Frühneuhochdeutschen.

Die mundartlich (Bairisch) auftauchende Graphemsequenz „ai" wird nicht als Ausdruck eines Diphthongs interpretiert, sondern als Signal der überoffenen Aussprache (vgl. Moser 1929: 153):

nachlaisig, vnderthaining

Die Diphthongierung von [oː] im Bairischen, Schwäbischen, Ostfränkischen und später Böhmischen (meist vor Dentalkonsonanten) begann schon gegen Ende des Mittelhochdeutschen. Infolge dieser Diphthongierung entstanden die Varianten [oɐ], [oə], [ɔə], [œe]

toed (Tod), *noet* (Not), *groeß* (groß), hòch (hoch)

und der Diphthong [ou]/[ɔu]:

clouster, rout, houch

In der Schriftsprache begann diese Diphthongierung im 16. Jh. zu schwinden.

– die mundartliche Monophthongierung von [ei], [ou] und [œu] zu [eː], [oː] und [øː];

Diese Monophthongierung erfolgte in erster Linie im Westmitteldeutschen (Mittelfränkisch,
Moselfränkisch und Ripuarisch; Rheinfränkisch - Pfälzisch und Hessisch) und im Ostmitteldeutschen (besonders im Süden des Schlesischen. Sie erfasste nur wenige Wörter.
Die Monophthongierung von [ei] zu [eː] begann noch im Mittelhochdeutschen (13. Jh.) und die Monophthongierung von [ou] und [œu] entsprechend zu [oː] und [øː] erst etwa hundert Jahre später. Es gibt viel mehr Belege für die Monophthongierung von [ei] zu [eː] als für die beiden anderen Monophthongierungsarten. In den Urkunden wurden u.a. folgende Belege gefunden:

Hernrich, mester (meister), *helig* (heilig), *cleder* (Kleider);
hobt (Haupt), *bom* (Baum), *globen* (glauben), *ogen* (Augen);
öglein (Äuglein), *glöbig* (gläubig)

Die selteneren einfachen Grapheme wechseln in den Texten mit den die Diphthonge repräsentierende häufigeren Graphemsequenzen („ey"/„ei", „ou"/„au"/ „aw" und „eu"/„ew"), was von dem Fehlen dieser Monophthongierung zeugt.
In manchen omd. und wmd. Urkunden steht für „e" ein „a", seltener ein „ä".

halig (heilig) *wägern* (weigern)

Auch für die beiden anderen Diphthonge kommt sporadisch ein derartiges „a" vor:

ram (Raum), *unglabe* (Unglaube)

In den Schlesischen Diphthongierungsmundarten wurde das infolge der Verdumpfung von [aː] entstandene [oː] zu [uo] diphthongiert. Dem Hochpreußischen war diese Diphthongierung fremd (vgl. Mitzka 1937: 63).

– die mundartliche Senkung der hohen Vokale;

Außer der standardsprachlichen Senkung von [ʏ] und [u] zu [œ] und o]/[ɔ],

sunne → *sonne*   *künec/künic* → *könic/könig*

wobei der neue Vokal gedehnt werden konnte,

sun → *son* → *sôn*

Verschlusslaut und seltener von einem einfachen Nasalkonsonanten.

Diese mundartliche Senkung begann schon im 14. Jh. und wurde im Nordwesten des Oberdeutschen (Schwäbisch, Ostfränkisch) und im Mitteldeutschen (Pfälzisch, Hessisch) realisiert. Außerdem gab es am Anfang des Frühneuhochdeutschen auch die mundartliche Senkung von [ɪ], [ʏ]und [u]. Die Senkung von [u] zu [o]/[ɔ] und [ʏ] zu [œ] erfolgte von [r] oder [l] + Böhmisch, Obersächsisch, Schlesisch) realisiert:

wonder, wonsch, thorm, dorst, ortel, mönster

Da diese Senkung erst im 14. Jh. begonnen hat, sei angenommen, dass sie im ersten Jahrhundert des Frühneuhochdeutschen in den Texten der Ordenskanzlei nur teilweise realisiert wird. Die meisten Belege in der Fachliteratur stammen aus den Texten des 15. und 16. Jh.

Die Senkung von [ɪ] wird auch als Schwächung in der Enklise (Moser 1929: 131) interpretiert. Dieser Prozess erfasste:

– den nordwestlichen Teil des Oberdeutschen (Ostfränkisch, Südrheinfränkisch)
– Teile des Westmitteldeutschen (Pfälzisch, Hessisch)
– Teile des Ostmitteldeutschen (Böhmisch, Obersächsisch, Thüringisch, Schlesisch).

Diese Senkung begann im 14. Jh. und entwickelte sich im Laufe des Frühneuhochdeutschen. Als Belege können genannt werden:

wetwe, hemel, vrede, geleder (Glieder).

Es lässt sich kaum feststellen, ob dieser gesenkte kurze Vokal gedehnt wurde.

– die mundartliche Hebung von den e-Lauten in den Stammsilben;

Das mhd. [eː] (sprachhistorische Schreibung: ê) ging in mitteldeutschen Mundarten in [iː] über. Dieser Prozess erfasste dann auch den Nordosten des oberdeutschen Sprachraumes (Ostfränkisch, Nordbairisch). Diese Hebung erfolgte in erster Linie vor [r], seltener vor [l]:

ire, irber, sile

Viel seltener unterlag diesem Prozess das offene [ɛː], das aber zuerst zu [eː] geschlossen werden musste:

[vɛːrliç] → [veːrliç] → [virliç]
[nɛːxste] - [neːxstɛ] → [niːxstə] (nächste)
ire (Ehre), *irste, sile* (Seele)

Im Mittelhochdeutschen gab es drei verschiedene kurze e-Laute:

– das im Ergebnis des Primärumlauts entstandene geschlossene/enge [e], das in der Fachliteratur mit einem Punkt unten markiert wird,
– mitteloffenes [ë], das in der Fachliteratur mit dem Trema oben markiert wird. Es ist das alte germanische [e].
– das im Ergebnis des Sekundärumlauts entstandene offene [ɛ]

In den ober- und mitteldeutschen Mundarten erfolgte die teilweise Hebung des mitteloffenen [ë] oder die teilweise Öffnung des engen Lautes, was zum Zusammenfall dieser beiden Laute und zum Verzicht auf den Gebrauch des Tremas führte:

geben   nemen

Die Hebung des [ë] erfolgte meist vor [ɪ]/[iː] in der Folgesilbe. Diese beiden Laute unterschieden sich in geringem Grad und wurden mit Hilfe des Graphems „e" fixiert. Der infolge des Sekundärumlauts entstandene Laut wird durch ein über das „a" gestelltes kleines „e" oder überhaupt nicht markiert. Nur selten tauchte hier ein „e" auf. Um die Mitte des Frühneuhochdeutschen begann die Markierung der alten e-Laute mit Hilfe des „a" mit einem hochgestellten „e".

mǎchtec - machtec - mechtec
t ǎglich - taglich - teglich

Zur Markierung des geschlossenen [e] wurde manchmal ein nachgestelltes „i"/ „y" gebraucht:

sleicht/sleycht   *eirbe/eyrbe*

Diese graphischen Tendenzen zeugen davon, dass im Laufe des Frühneuhochdeutschen der Zusammenfall aller drei e-Laute erfolgte. Gegen Ende des Frühneuhochdeutschen begann die Schreibung des „a" mit dem hochstellten „e" zu schwinden.

Noch in der mhd. Zeit begann in den Mundarten der Übergang der e-Laute in [ɪ] oder [iː] (Dehnung):

hirczog (Herzog)   *bir* (Beere)   *wirme* (Wärme)

– die Hebung von [ɛ]/[ə] in den Nebensilben;

In den unbetonten Nachsilben (besonders vor [n] und [r] erfolgte die Hebung des [ɛ] und des reduzierten [ə], was in der Graphie ein Echo findet, indem an dieser Stelle das Graphem „i" erscheint. Dieser Wandel war u.a. für den omd. Sprachraum charakteristisch:

gebin   *haldin*   *meistir*

– die Hebung von [o]/[ɔ] zu [u], [oː] zu [uː] und von [øː] zu [yː];

Die Hebung von [o]/[ɔ] erfolgte oft erst nach der Dehnung, sodass in diesem Falle eigentlich eine Hebung von [oː] vorliegt. Diese Hebung erfolgte im Mitteldeutschen (Hessisch, Thüringisch, Obersächsisch, Schlesisch):

geburn,   *ubere*   (obere),

Im Ostmitteldeutschen (Obersächsisch, Schlesisch) gab es auch die Hebung des kurzen Vokals.

sulch   *vffen*   *furt*   *durn*   (der Dorn)

Die Hebung des [oː] zu [uː] erfolgte im Mittelfränkischen, Elsässischen, Bairischen und Böhmischen spätestens im ersten Jahrhundert des Frühneuhochdeutschen:

cluster (Kloster), *schun (schon),* *huren* (hören), *frulich* (fröhlich)

– die Öffnung des [o]/[ɔ] zu [ɑ] und des [oː] zu [aː];

Sowohl im ober- als auch im mitteldeutschen Sprachraum wurde das frühere [o] manchmal stark geöffnet. Im oberdeutschen und westmitteldeutschen Sprachraum erfolgte dies vor allem vor Sonorkonsonanten,

gestarben   *wanen* (wohnen)

in den ostmitteldeutschen Mundarten auch vor anderen Konsonanten *tachter   halcz* (Holz)   *wache* (Woche)

Die Schreibung von „oder", „doch", „nach", „von" „soll" usw. mit „a"

ader   dach   nach   van   sal

konnte durch den Gebrauch in der Satzenklise zustande gekommen sein. In diesem Falle kann dies als Ausdruck des [ə] betrachtet werden (vgl. Moser 1929: 133), was aber nur als eine wage Hypothese betrachtet werden muss.

In einem Teil des Westmitteldeutschen (Rheinfränkisch) und in einem Teil des Oberdeutschen (Bairisch, Ostfränkisch) wurde [oː] zu [ɔː] und weiter zu [aː] geöffnet.

Diese Öffnung begann schon im 14. Jh. und erfolgte vor Nasal

krane, thran, schan

und seltener vor anderen Konsonanten:

tat (tot), *rat* (rot), *anpas* (Amboß), *larber* (Lorbeer), *Ader* (Oder)

– die Verdumpfung des [aː] zu [ɔː] und weiter zu [oː];

Diese Erscheinung begann im 12. Jh. im Bairischen und Niederalemannischen (Moser 1929: 142 f.) und erfasste später die angrenzenden oberdeutschen (Hochalemannisch, Ostfränkisch) und die mitteldeutschen Mundarten (z. B. das Böhmische und das Schlesische. Davon zeugt die Schreibung mit „o" in den Texten des 14. bis 16. Jh. Es gibt keine sichere Antwort auf die Frage, ob dieser Laut mit dem alten [oː] völlig zusammengefallen ist. Es wird angenommen (Moser 1929: 143), dass der volle Zusammenfall vor Nasalkonsonanten, besonders aber vor [m] erfolgte (*stom, jomer*), denn das war die Folge der Assimilation an das nachstehende [m], das mit einem Verschluss beginnt. In sonstigen Fällen lässt sich nicht ausschließen, dass der infolge der Verdumpfung entstandene Laut offen war (*jor, der rot, slofen*), während der alte Vokal geschlossen war. So lässt sich hier u. U. die Opposition [ɔː] vs. [oː] annehmen.

In manchen Mundarten begann gegen Ende des Frühneuhochdeutschen die Beseitigung der Verdumpfung, wovon die immer häufigere Schreibung mit „a" zeugt (*schlafen, jar, rat*).

Im Weiteren wird überprüft, ob und in welchem Grade die mundartlichen Neuerungen des Frühneuhochdeutschen in der Gerichtskanzlei der Alten Stadt Thorn realisiert wurden.

Die Diphthongierung von [iː], [yː] und [u] zu den fallenden Diphthongen [iə]/[iə], [ɤə]/[ɤɛ] und [uo]/[ua]

Es wurde nur je einmal die Graphemsequenzen „ue", „üe" und „we" gefunden, die von der Realisierung der Diphthongierung von [uː] und [yː] zu [uo] und des [yː] zu [ɤɛ]/[ɤə] zeugen könnte:

muerer - K 468 *stad müerer* - K 511 *mwer* - K 1760

Es ist aber auch möglich, dieses „e" als Markierung der Länge zu interpretieren, was im Falle der Kontinuation des nicht diphthongierten [iː] sporadisch vorkommt. Im Falle von der Kontinuation von [iː] sind die Schreibungen „ie" und „ye" häufiger

frie - K   *frye* - K 1968
frye - C 177, 331, 1929
siener - K 1836   *siener* - C 351, 406, 808 sp.
sien (Inf.) - C 791, 852, 861   *sien* (Pron.) - C 777, 811, 862 sp.

Als *sien* wurde auch „sind" geschrieben:

sien - C 862, 957, 962

Hier sind jedoch auch andere Interpretationen nicht völlig ausgeschlossen:

– als Ausdruck der ersten Etappe des Zerfalls des stark ausgedehnten Vokals [iː] zu [ɪɪ]/[ɪə] und [uː] zu [uu] auf dem Wege entsprechend zum Diphthong [ei] und weiter [ɛɪ] und [ai] und zum Diphthong [ou] und weiter [ɔu] und [au] (vgl. Schirmunski 1962: 221); wovon auch die Schreibweise *muwir* (C 710) zeugen kann;

– als Schreibfehler, wovon die häufigeren Schreibungen mit „ei" und [ey] im Falle von *sein* und *frei*

sein - K 1054, 1371, 1864 u. ö.   *seyn* (Pron.) - K 476, 753, 1695 u.. ö.
frey - K 566, 736, 1695 u. ö.

und „auw" im Falle von Mauer

mauwir - K 696   *mauwer* - K 902, 1393, 1605

zeugen könnten;

– als Resultat der Unsicherheit der Schreiber in der Zeit des Übergangsstadium zum

Diphthong.

In der Variante *mwer* (K -1705) kann das „e" als zum Suffix „-er" gehörend interpretiert werden.

Für die Schreibungen

stad meweres - K 1481   *stat mewrer* - K 1391   *meuwerer* - K 1614, 1752

ist der Stammvokal als Kontinuation des mhd. [y.] in *müraere* anzusehen.

Die fallenden Diphthonge [ia], [oa] und [ua] sind für das Bairische charakteristisch. Es lässt sich nicht völlig ausschließen, dass ein Schreiber aus diesem Raum ins Ordensland kam.

Völlig ausgeschlossen sind die fallenden Diphthonge in der Sprache des Culmer Landes.

Die mundartliche Diphthongierung von [a:] und [o:]

Diese Diphthongierung war für den oberdeutschen Sprachraum charakteristisch. Im Ostmitteldeutschen Sprachraum mit Ausnahme des Böhmischen (wohl unter dem Einfluss des Ostfränkischen und Bairischen) war sie so gut wie unbekannt. Diese Annahme bestätigt auch der Text des Schöffenbuches, wo die Schreibungen mit „au" und „ou" mit einer Ausnahme nicht vorkommen. Diese Ausnahme bildet das Verb *hauldin* (K 21)/*haulden* (K 26). Es sei angenommen, dass der ursprünglich kurze Vokal (mhd. *halten/halden*) gedehnt wurde und erst der lange Vokal diphthongiert werden konnte. Die Dehnung der kurzen Vokal erfolgte u.a. vor [l] + Verschlusslaut.

Im Text des Schöffenbuches sind die Schreibungen mit „a" absolut vorherrschend

halden - K643, 863, 1511 u. ö.   *halden* - C 5, 358, 1052 u. ö.

Eine analoge Diphthongierung trat in der zweiten Hälfte des 13. Jh. im Schwäbischen ein, wobei dort der ursprünglich lange Vokal (mhd. [a:]) diphthongiert wurde. Schon im 14. Jh. wurde diese Diphthongierung rückgängig gemacht (vgl. Moser 1929: 145). Es lässt sich nicht ausschließen, dass der Schreiber aus diesem Raum nach Thorn zugewandert ist. Da aber diese Schreibung nur einmal vorkommt, kann auch ein Schreibfehler angenommen werden.

In den schlesischen Diphthongierungsmundarten wurde das infolge der Verdumpfung von [a:] entstandene [o:] zu [uo] diphthongiert. Dem Hochpreußischen war diese Diphthongierung fremd (vgl. Mitzka 1937: 63). Dies bestätigt auch der Text des Schöffenbuches.

Die mundartliche Monophthongierung von [ei], [ou] und [œu] zu [e:], [o:] und [ø:]

Diese Monophthongierung wurde nur in einem beschränkten Ausmaß realisiert. Die Entsprechungen des mhd. [ei] werden fast ausschließlich mit Hilfe der Graphemsequenzen „ei" „ey" geschrieben:

meister - K. 18, 1057, 1900 u. ö.	*meister* - C 79, 743, 1035 u. ö.
meyster - K 511, 768, 1859 sp.	*meyster* - C 103, 394, 793 sp.
Heinrich - K 40, 879, 1806 u. ö.	*Heinrich* - C 1, 550, 1039 u. ö.
heiligen - K 901, 1416, 1853 u. ö.	*heiligen* - C 24, 333, 735 u. ö.

Ganz selten tauchen die von der Monophthongierung zeugenden einfachen Grapheme „e" und „i" auf.

Hen(rich) - K 49, 278, 526 sp.	*Henrich* - C 22, 419, 754 u. ö.
Hinreich - K 1925	*Hinrich* - C 190, 860, 1056 sp.
hiligen - K 21, 459, 1248 sp.	

Das „e" in dem Vornamen Heinrich ist wohl unter dem Einfluss des Lateinischen entstanden. Die mundartliche Monophthongierung von [ei] war damals im omd. Sprachraum nicht stark verbreitet, wovon auch die Schreibweise von Luther zeugt (vgl. Bach 1934: 31). Der neue Monophthong trug das Merkmal geschlossen, wovon die konkurrierende Schreibung mit „i" zeugt.

Die Monophthongierung von [ou] war für den nördlichen Streifen des Mitteldeutschen charakteristisch (vgl. Grabarek 1984: 66), wovon die Schreibweise mit den einfachen Graphemen „o" und „a" zeugt.

trom   bom   globin

Im Text des Schöffenbuches ist diese Erscheinung unbekannt, denn an der Stelle des mhd. Diphthongs kommen ausschließlich die Graphemsequenzen „ou", „au", „ow" und „ew" vor:

ou
vorkoufft - K 486, 790, 1907 u. ö.	*vorkouft* - C 8, 302, 1037 u. ö.
ouch - K 146, 339, 1243 u. ö.	*ouch* - C 25, 312, 941 u. ö.

au
verkauft - K 1246, 1447, 1888 sp.	*vorkauft* - C 73, 614, 930 sp.
auch - K 856, 1315, 1713 u. ö.	*auch* - C 8, 559, 1035 u. ö.

aw
vorkawft - C 113, 129, 340 sp.

ow

vorkowfft - K 348, 563, 790 u. ö.   *owch* - K 490

ew

keuffin - K 718   *hewptluthe* - K 1773

Das Auftauchen der Graphemsequenz „au" gibt einen Hinweis darauf, dass dieser Diphthong nach dem Jahre 1400 mindestens teilweise geöffnet wurde.

Die Graphemsequenzen „eu" und „ew" lassen die Interpretation des Diphthongs als [œu] („öu") zu.

Im Falle von *keuffin* und *hewptluthe* ist gleich wie im Falle des Nomens *Heumarkt* (K 1053) die Kontinuation des mhd. [œu] (mhd. *höumarkt*) anzunehmen. Im Mittelhochdeutschen gab es außer der Form *koufen* die umgelautete Variante *köufen*, die im Mitteldeutschen zu finden war (vgl. Paul 1929: 36). Mathias Lexer (1932: 114) nennt die Form *keufen*. Das Verb *käufen* gibt es auch als sporadische regionale Variante von *kaufen* in der deutschen Gegenwartssprache (vgl. *käufen*, in: Wiktionary/wiki/käufen). Im Mittelhochdeutschen gab es neben *houbet* auch *höubet* (vgl. Paul 1929: 36).

Die mundartliche Senkung von [u] zu [o]/[ɔ] und [ʏ] zu [œ]

Diese Senkung erfolgte vor [r] oder [l] + Verschlusslaut und auch vor einem einfachen Nasalkonsonanten. Diese Senkung erfolgte etwas später als die standardsprachliche, die eigentlich um das Jahr 1400 realisiert wurde.

son – K. 241, 1059, 1697 sp.   *son* – C 784, 828, 981 sp.
non(n)en – K 815, 1430, 1974 sp.   *nonnen* – C 620, 635, 960
Konigentage – C 58, 190, 325 sp.

Die Schreibungen von „o" an der Stelle des alten „u" tauchen kurz nach 1400 auf. In manchen Wörtern sind sie alleinherrschend;

orteil – K335, 118, 1586 u. ö. *orteil* – C 194, 472, 534 sp. *georteilt* - C 73, 114, 919

in anderen, wechselt das neue „o"/„ö" mit dem alten „u"/„ü":

schuld - K 1046, 1376, 1649 u. ö.   *scholt* – K 138, 341, 459
borge K 1889, 1913, 1955   *bürge* – K 18, 40, 526
borge(n) – C 118, 130, 134   *börgen* – K 526
burge(n) – C 173, 231, 439   *urkunde* - C 37 (1428)

Diese Erscheinung hat sich bis Mitte des Frühneuhochdeutschen nicht völlig durchgesetzt.

Die Senkung von [u:] erfolgte erst nach der Kürzung dieses Vokals:

uf - K 1, 26, 45 sp.   vf - K 3, 45, 1147 sp.
vff - K 929, 1174, 1403 sp.   of(f) - K 519, 862, 1189
uf - C 76, 487, 987 u. ö.   uff - C 4, 789, 1059 u. ö.
of - C 159, 369, 751 u. ö.   off - C 125, 804, 1059

Es wurden keine Belege für die Senkung von [y:] gefunden.

Die mundartliche Senkung von [i:] zu [e:]

Die Senkung des mhd. [i] und [i:] lässt sich in verschiedener Distribution beobachten, meist aber vor Sonorkonsonanten:

erem – K 513, 881, 1705 u. ö.   erem – C 328, 478, 589 u. ö.
eren – K 501, 769, 1648 u. ö.   eren – C 469, 500, 553 u. ö.
en – K 16, 510, 1458 u. ö.   em –C 618, 626, 736 u. ö.
domete – K 281, 557, 887 sp.   domete – C 157,
seben - C 298, 706   sebenczik - C 548, 595
deser – C 239, 617, 662 sp.

Die meisten der hier genannten Belege haben Varianten mit „i":

iren – C 4, 196, 301 u. ö.   irem – C 229, 363, 572 u. ö.   in – C 83

Die Analyse der Belege mit „e" veranlasst zu der Annahme, dass der Senkung grundsätzlich der gedehnte Vokal unterlag. Im Falle der geschlossenen Silben kommt nur das „i" vor, was davon zeugt, dass hier die Öffnung nicht auftrat. Der Vokal wurde in dieser Distribution gekürzt:

witwe – C 425

Das mhd. [i] wurde nur vereinzelt und dazu meist nur in den Mundarten gesenkt. Diese Senkung erfolgte nach der Durchführung der Dehnung auch in der Nachbarschaft von [b], dessen spirantisierte Aussprache dem [v] nahe stand:

zebenczal - K 1874 seben - C 298, 706

Diese für die omd. Kanzleien charakteristische Senkung von [i:] lässt sich vor allem in den Possessivpronomen beobachten. Die Verdrängung dieser Erscheinung begann im omd. Sprachraum schon im ersten Jahrhundert des Frühneuhochdeutschen, wurde aber bis Mitte dieser Epoche nicht völlig realisiert. Dies bestätigen die im analysierten Texte gefundenen Belege mit „i".

Die Hebung des geschlossenen [e], des offenen [ë] und der überoffenen [ɛ]

Für das Mittelhochdeutsche werden drei kurze e-Laute angenommen:

- das infolge des Primärumlauts entstandene geschlossene [e]
- das mitteloffene germanische [ë],
- das infolge des Sekundärumlauts entstandene überoffene [ɛ].

Schon in der mhd. Zeit begann der Zusammenfall dieser Vokale. Als erster erfolgte der Zusammenfall von dem geschlossenen und dem mitteloffenen Vokal. Der infolge des Zusammenfalls entstandene Laut wurde nur mit Hilfe des Graphems „e" fixiert, während der übrige Vokal in manchen Texten, besonders in obd. Sprachraum mit Hilfe des „a" mit dem hochgestellten kleinen „e" oder sogar des Tremas geschrieben wurde. So kann angenommen werden, dass der geschlossene Vokal am Anfang des Frühneuhochdeutschen zum mitteloffenen Vokal wurde. So sind die beiden Varianten zusammengefallen (vgl. Reichmann/ Wegera 1993: 39–42, Moser 1929: 117 f.). Der Zusammenfall des [ɛ] mit diesem Vokal musste etwas später erfolgen. So kann angenommen werden, dass der Zusammenfall des geschlossenen und des mitteloffenen Lautes in der Thorner Kanzlei im ersten Jahrhundert des Frühneuhochdeutschen realisiert war. Über diesen Zusammenfall lassen sich aber keine sicheren Feststellungen formulieren. In der Forschung wird dieser Zusammenfall im omd. Sprachraum angenommen (vgl. vgl. Reichmann/Wegera 1993: 39–42, Moser 1929: 117–130). Dafür spricht die Tatsache, dass bei Varianten mit Hilfe des Graphems „e" im Text des altthornischen Schöffenbuches fixiert wurden:

becker - K 526, 1094, 1991 sp.	*becker* - C 114, 610, 946 u. ö. (auch als Name)
beckir - K 1423,	*beckir* - C 858, 873, 1007 sp.
mechtig - K 303, 1386, 1885 sp.	*mechtig* - C 63, 464, 1057 u. ö.
lengir - K 673, 703, 815 sp.	*lenger* - C 32, 661, 734

Es scheint kaum möglich, dass das infolge des Sekundärumlauts entstandene offene [ɛ] so schnell mit dem alten geschlossenen [e] völlig zusammengefallen ist. Der Anfang dieses Zusammenfalls lässt sich jedoch nicht ausschließen.

Außerdem gab es im Mittelhochdeutschen zwei lange e-Laute - das geschlossene [e:] und das überoffene [ɛ:]. Nur der geschlossene Vokal konnte zu [i:] gehoben werden, wovon die Schreibungen mit „i" der Adjektivs „ehrbar" (mhd. *êrbaere*) zeugen:

irbar - K 1257   *irbir* - K 759   *irbarkeit* - K 728

Diese Hebung wurde nach 1420 rückgängig gemacht, wovon die regelmäßige Schreibung mit „e" zeugt:

erbar - C 37, 552, 1040 u. ö. *erbaren* - C 114, 382, 891 sp.

Es ist auch nicht ausgeschlossen, dass das Graphem „i" im Text des Schöffenbuches ein stark geschlossenes [e:] repräsentiert.

Im Falle von *irdisch* ist die Hebung standardsprachlich und erfolgte schon im Althochdeutschen

irdische - C 266

Die Hebung von [ɛ]/[ə] in den Nebensilben

Der Nebensilbenvokal geht auf drei verschiedene mhd. Vokale zurück:

– auf das [ɛ] und die reduzierte Variante [ə] im Suffix/Flexiv „-en", im Flexiv „-es" und seltener im Suffix „-aere"

gëben   *halten*   *wiʒʒen*   *tagen*   *garten*   *becker*

– auf das mhd. [ɛ:] im Suffix „-aere":

richtaere   *gartenaere*   *blatenaere*   *kürsenaere*

Dieser lange offene Nebensilbenvokal wurde zuerst zu [e] und dann zu [ə] gekürzt

richter   *gärtner*   *blatner/platner*   *kürsner*

und erst dieser gekürzte Laut wurde zu [ɪ] gehoben. Diese Hebung war u.a. für das Ostmitteldeutsche charakteristisch. Im Text des Schöffenbuches gibt es sehr viele Belege für diese Hebung, wobei aber das Graphem „i" oft mit dem Graphem „e" wechselt. Das Graphem „e" kommt viel häufiger vor:

beckir - K 1261, 1423, 1749 sp.   *becker* - K 255, 960, 1991
burgir - K 1807, 1833   *burger* - K 172, 849, 1888 sp.
richtir - C 341, 808, 985 sp.   *richter* - C 30, 536, 1043 u. ö.
halbir - C 800   *halber* - C 981
dessin - K 816, 827   *dessen* - K 1049, 1347, 1499
habin - C 7, 859, 1044 u. ö.   *haben* - C 9, 473, 1063 u. ö.
geldis - C 33, 734, 1063 u. ö.   *geldes* - C 25, 309, 991 sp.

Dieses „i" kann einerseits als Reflex der Hebung zu [|] und andererseits der Verengung des [ə] interpretiert werden.

Die mundartliche Öffnung des [ɔ] zu [a]

Diese Öffnung erfolgte in erster Linie vor Sonorkonsonanten, doch selten auch vor Reibe- und Verschlusslauten:

tachter - K 911, 1159, 1885 u. ö.   *tachter* - C 145, 568, 958 u. ö.
adir - K 23, 870, 1847 u. ö.   *adir* - C 25, 376, 1061 u. ö.
sal - K 255, 660, 1729 u. ö.   *sal* - C 3, 154, 904 u. ö.

Im Falle von *sal* gab es das „a" im Althochdeutschen „scal", und im Mittelhochdeutschen gab es die zwei Formen *sol* und *sal*. J. Grabarek (1984: 36) im Anschluss an V. Moser (1929: 133 f.) schließt nicht aus, dass dieser Wandel in *sal* und *adir* „als Ausdruck des durch die Satzenklise hervorgerufenen unbestimmten Vokals ([ə])" angesehen werden kann.

Die mundartliche Verdumpfung des [aː] zu [oː] und weiter zu [ɔː]

Da diese Erscheinung das Schlesische, das Böhmische sowie Teile des Thüringischen und Obersächsischen erfasste (vgl. Schirmunski 1962: 212), lässt sich annehmen, dass sie auch in den Texten der altthornischen Gerichtskanzlei ein Echo finden soll. Bruno Arndt (1898: 6 f.) hat mehrere Belege für diese Verdumpfung in der Breslauer Kanzlei in den beiden ersten Jahrhunderten des Frühneuhochdeutschen gefunden. Auch in den ältesten Urkunden des Deutschordens (1262–1381) hat August Weller (1911: 20) Belege für diese Erscheinung gefunden.

Die von der Realisierung der Verdumpfung zeugenden Schreibungen mit „o" sind im analysierten Text nicht ganz selten, wobei aber das „o" mit dem „a" konkurriert:

jor - K 574, 657, 1899 sp.   *jar* - K 346, 1251, 1708 sp.
jor - C 255, 888, 1008 sp.   *jar* - C 25, 512, 1038 u. ö.
roth(e) - K 930, 1335, 1964 u. ö.   *rat* - K 22, 799, 1697 u. ö.
rothe - C 8, 937   *rat* - C 58, 87, 333, 1020
dovor - K 35, 410   *davor* - K 79
dovon - K 138, 397   *davon* - K 76
dorumbe - K 1427, 1636, 1697   *darvmme* - K 1843
dornoch - K 79, 1322   *darnach* - K 184
donoch - K 35   *donoch* - C 159, 634
dorumme - K 337, 380, 422   *dorumme* - C 37, 266, 1014, 1058

Mit „o" wurden weitere Pronominaladverbien geschrieben: *dowedir, dokegin, doby* usw.

Aufgrund der Analyse des Auftretens der Schreibungen mit „o" lässt sich annehmen, dass diese Verdumpfung in der altthornischen Kanzlei am Anfang des Frühneuhochdeutschen begann.

Die häufigen Schreibungen mit „a" als Konkurrenzformen zu den Schreibungen mit „o" können zwei Gründe haben:

– die Unsicherheit der Schreiber, die eine Folge der schwachen Verdumpfung war (ein etwas geschlosseneres [a:] oder ein sehr offenes [ɔ:];
– die Herkunft der Schreiber aus dem Raum, wo die Verdumpfung nicht realisiert wurde.

Aufgrund der Analyse kann festgestellt werden, dass die Verdumpfung in der altthornischen Kanzlei teilweise realisiert wurde.

Schlussfolgerungen

Die Analyse des Textes veranlasst zu der Feststellung, dass alle anzunehmenden mundartlichen Neuerungen in der altthornischen Gerichtskanzlei im ersten Jahrhundert des Frühneuhochdeutschen realisiert wurden. Vor allem trifft es für folgende Neuerungen zu:

– die mundartliche Senkung von [i:] zu [e:],
– die Hebung von [ɛ]/[ə] in den Nebensilben,
– die Öffnung von [ɔ] zu [a]/[ɑ]
– die Verdumpfung von [a:] zu [o:]/[ɔ:].

In einem geringeren Grade wurden realisiert:

– die Diphthongierung von [i:], [y:] und [u:] zu den fallenden Diphthongen [iə]/[iɛ], [ʏə]/[ʏɛ]
und [uo]/[ua];
– die mundartliche Diphthongierung von [a:] zu [au],
– die mundartliche Monophthongierung von [ei] zu [e:] oder [i:]
– die mundartliche Senkung von [u] zu [o]/[ɔ] und [ʏ] zu [œ]
– die Hebung des überoffenen [ɛ:] zu [e:] und des [e:] zu [i:].

Daraus ergibt sich, dass der Text des Schöffenbuches ein typischer ostmitteldeutscher Text aus dem ersten Jahrhundert des Frühneuhochdeutschen ist.

Primärliteratur (Druckausgaben)

Liber scabinorum veteris civitatis Thoruniensis 1363–1428, herausgegeben von Kazimierz Kaczmarczyk, Toruń 1936: Towarzystwo Naukowe w Toruniu (= Fontes 29) (Kurzform K).

Liber scabinorum veteris civitatis Toruniensis (1428–1456). Prima pars (1428–1443), herausgegeben von Karola Ciesielska und Janusz Tandecki, Toruń 1992: Towarzystwo

Naukowe w Toruniu (= Fontes 75) (Kurzform C/T)

Sekundärliteratur

Arndt, Bruno (1898): *Der Übergang vom Mittelhochdeutschen zum Neuhochdeutschen in der Sprache der Breslauer Kanzlei,* Breslau: M.& H. Marcus.

Bach, Heinrich (1934): *Laut- und Formenlehre der Sprache Luthers,* Kopenhagen: Levin & Munksgaard.

Ebert, Peter Robert/Reichmann, Oskar/Solms, Hans Joachim/Wegera, Klaus-Peter (1993):

Frühneuhochdeutsche Grammatik, herausgegeben von Oskar Reichmann und Klaus-Peter Wegera, Tübingen: Max Niemayer Verlag.

Grabarek, Józef (1984): *Die Sprache des Schöffenbuches des Alten Stadt Toruń,* Rzeszów: Wydawnictwo WSP.

Grabarek, Józef (2004); *Die Ostkolonisation im westslawischen und baltischen Sprachraum bis 1350,* in: Bartoszewicz, Iwona/Hałub, Marek/Jurasz, Alina (Hrsg.): *Werte und Wertungen,* Wrocław 2004, Atut, S. 504–512.

Hanzeatyckie miasto Toruń, in: Słowo Pomorskie, September 1933.

Jasiński, Tomasz (2008): *Kuschwitz, Rimini und die Grundlagen des preußischen Ordenslandes. Urkundenstudien zur Frühzeit des Deutschen Ordens im Ostseeraum,* Marburg: Elwert.

KLUGE (2002): *Etymologisches Wörterbuch der deutschen Sprache,* bearbeitet von Elmar Seebold, 24. durchgesehene und erweiterte Auflage, Berlin/New York: Walter de Gruyter.

Lexer, Mathias (1932): *Mittelhochdeutsches Taschenwörterbuch,* 20. überarb.Aufl., Leipzig: Hirzel.

Mettke, Heinz (1978): *Mittelhochdeutsche Grammatik: Laut- und Formenlehre,* vierte Auflage, Leipzig: VEB Bibliographisches Institut.

Mitzka, Walther (1937): *Grundzüge nordostdeutscher Sprachgeschichte,* Halle/Saale: Niemeyer.

Moser, Virgil (1929): *Frühneuhochdeutsche Grammatik, I.. Band: Lautlehre, 1. Hälfte:*

Orthographie, Betonung, Stammsilbenvokale, Heidelberg: Carl Winter's Universitätsbuchhandlung.

Paul, Hermann (1929). *Mittelhochdeutsche Grammatik,* zwölfte Auflage, bearbeitet von Erich Gierach, Halle (Saale): Max Niemeyer Verlag.

Perlbach, Max (1873): *Die ältesten preußischen Urkunden. Kritisch untersucht,* in: *Altpreußische Monatsschrift,* Bd. 10/1873.

Schirmunski, Viktor Maksimowitsch (1962): *Deutsche Mundartkunde: Vergleichende Laut- und Formenlehre der deutschen Mundarten,* Berlin: Akademie Verlag.

Schmidt, Wilhelm (2007): *Geschichte der deutschen Sprache: Ein Lehrbuch für das germanistische Studium,* 10., verbesserte und erweiterte Auflage, erarbeitet unter der Leitung von Helmut Langner und Norbert Richard Wolf, Stuttgart: S. Hirzel Verlag.

Weller, August (1911): *Die Sprache in den ältesten Urkunden des deutschen Ordens,* Breslau: M.& H. Marcus.

Zimmerling, Dieter (1988): *Der Deutsche Ritterorden,* Düsseldorf u. a.: Econ-Verlag.

Sylwia Firyn (Gdańsk)

Zur Realisierung der frühneuhochdeutschen standardsprachlichen Diphthongierung und Monophthongierung im Schöffenbuch der Alten Stadt Thorn (1363–1443)

Abstrakt: In Übereinstimmung mit der zeitlichen und räumlichen Situierung des Textes wurde die Monophthongierung um die Mitte des 14. Jh. völlig realisiert. Die Diphthongierung des [i:] begann um 1380, die Diphthongierung von [u:] kurz vor 1400 und die Diphthongierung von [y:] erst um 1410. Der Zusammenfall der alten und neuen Diphthonge wurde teilweise realisiert.

Schlüsselwörter: Frühneuhochdeutsch, omd. Kanzleisprachen, Ordenssprache, Thorner Stadtkanzlei, frnhd. Diphthongierung und Monophthongierung

Zum Text des Schöffenbuches

Der analysierte Text des Schöffenbuches ist das älteste Thorner Schöffenbuch. Somit ist es eines der ältesten Stadtbücher der heutigen polnischen Städte. Ältere Stadtbücher haben nur Krakau (seit 1300), Breslau (seit 1345) und Danzig (seit 1345). Die erste Aufzeichnung stammt aus dem Jahre 1363. Die Aufzeichnungen aus den Jahren 1363–1556 sind komplett erhalten. Insgesamt umfassen die aus 51 Bänden und 55 Einheiten bestehenden altthornischen Gerichtsbücher die Jahre 1363–1792.

Im Weiteren werden die Eintragungen aus dem ersten Jahrhundert der frühneuhochdeutschen Epoche analysiert. Sie wurden auf Pergamentkarten verschiedener Größe aufgeschrieben und ihr Zustand kann als gut bezeichnet werden. Die Handschrift ist eine Reinschrift. Die Schrift ist deutlich und dadurch auch leicht lesbar. Die einzelnen Eintragungen wurden von über 15 Schreibern verfasst. Ihre genaue Anzahl ist schwer zu bestimmen. Bei den Belegen werden im weiteren Teil des Beitrags Siglen angegeben, die auf die Nummern der Aufzeichnungen in den Druckausgaben hinweisen (K - Kaczmarczyk, C/T - Ciesielska und Tandecki).

Der Wandel im Vokalsystem

Das mhd. Vokalsystem (vgl. Herrlitz 1970: 17) bestand aus 24 Vokalen, d.h. aus:

- 9 kurzen Vokalen [ɪ], [ʏ], [u], [e], [ɛ], [ë], [œ], [o]/[ɔ] und [ɑ]);
- dem reduzierten Vokal [ə];
- 8 langen Vokalen ([iː], [üː], [uː], [eː], [øː], [oː], [ɛː] und [aː]);
- 6 Diphthongen ([ɪe], [ʏe], [uoː], [ei], [œu] (auch als [öu] notiert) und [ɔu]).

Die Differenzierung zwischen den Phonemen /e/ /ë/ und /ɛ/ (geschlossen, halb geschlossen, offen) wird nicht von der ganzen Forschung akzeptiert, da es hier um eine isolierte Opposition geht und es wird angenommen, dass die Laute [e], [ɛ] und [ë] als Allophone eines Phonems betrachtet werden können (vgl. Schmidt 2007: 286), was aber hier aus sprachhistorischen Gründen nicht getan wird. Während die Vokale [e] und [ë] für ein Phonem gehalten werden, bildet [ɛ] ein Phonem für sich. Anhand der Analyse der bedeutungsunterscheidenden Funktion lässt sich nachweisen, dass es Wortpaare gibt, wo diese Opposition zu einer unterschiedlichen Bedeutung beiträgt (vgl. Herrlitz 1970: 17).

Aus diesen Erwägungen ergibt sich, dass es im Mittelhochdeutschen mehr Vokale (24) als im
Neuhochdeutschen (19) gab. Anschließend wird das System der mhd. Monophthonge an einem Vokaldreieck veranschaulicht.

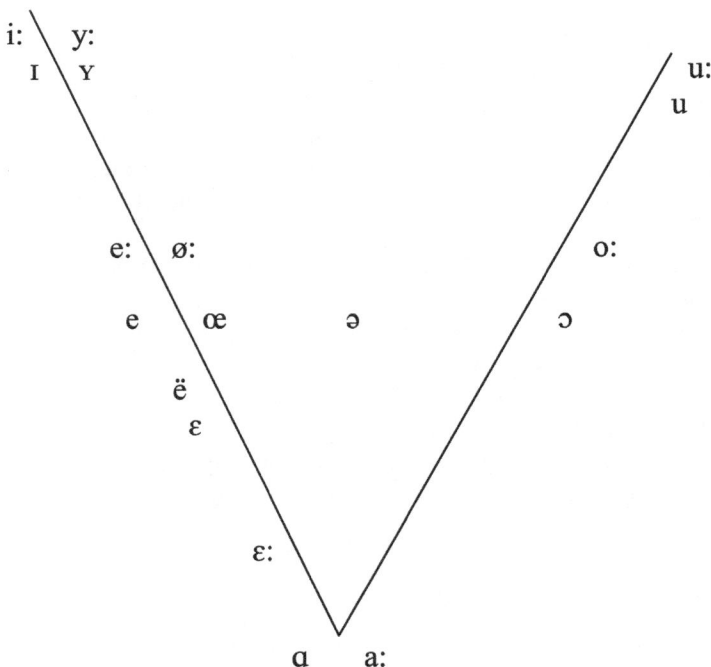

Die mhd. Diphthonge lassen sich in der modernen API-Notation wie folgt notieren: /ie/, /ʀe/, /uo/, /eɪ|/ und /œɪ/ und /ɔu/.
Dieses Vokalsystem wurde infolge der standardsprachlichen Neuerungen umgewandelt. Zu diesen Neuerungen gehören:

- die frnhd. standardsprachliche Diphthongierung:
  [iː], [yː], [uː] → [ei]/[ai], [oy] und [au]
  mhd. *mîn niuwes hûs* → frnhd. *mein neues haus*
- der Zusammenfall der alten und neuen Diphthonge:
  [ei]/[ai], [oy] [au] entsprechend mit [ei], [œu], [ou]/[ɔu]).
- die frnhd. standardsprachliche Monophthongierung:
  [ie], [ʀe], [uoː] → [iː], [yː], [uː]
  mhd. *liebe guote brüeder* → frnhd. *liebe gute brüder*
- die Dehnung der mhd. kurzen Vokale in offener Tonsilbe, die offen war oder im Paradigma geöffnet wurde, mit Ausnahme von „sch" und manchmal vor „ch", außerdem
  in einsilbigen Pronomen und Adverbien vor [l], [r], [m] und [n].
  wol → *wōl*, *her* → *hēr*, *dem* → *dēm*, *den* → *dēn*,
- die Kürzung der langen Vokale vor mehrfacher Konsonanz und in Nebensilben;
  mhd. *dāhte* → frnhd. *dachte*   mhd. *hērre* → frnhd. *herr*
  mhd. *klāfter* → frnhd. *klafter*   mhd. *gartenaere* → frnhd. *gärtner*
  Im Frühneuhochdeutschen erfolgte die Kürzung manchmal auch vor einfacher Konsonanz.
  mhd. *muoter* → frnhd. *mūter* → frnhd. *muter* → frnhd. *Mutter*
  mhd. *iemer* → frnhd. *īmer* → frnhd. *imer* → frnhd. *immer*
- die Rundung in der Nachbarschaft von [f], [v] und [ʃ]
  mhd. *finf* → frnhd. *fünf*   mhd. *zwelf* → frnhd. *zwölf*
  mhd. *leffel* → frnhd. *löffel*   mhd. *schepfen* → frnhd. *schöpfen*
- die Entrundung als regionale Erscheinung:
  mhd. *münster* → frnhd. *minster*
- die Senkung von hohen Vokalen vor einfachen Nasalkonsonanten und Nasalverbindungen
  mhd. *sun* → frnhd. *son* → frnhd. *sōn*   mhd. *sunne* →frnhd. *Sonne*
  mhd. *sumer* → frnhd. *sommer*   mhd. *künec* → frnhd. *könig/konig*
  Die Senkung vor [r] und [l] + Konsonant hat sich in der Standardsprache nicht durchgesetzt.
  mhd. *wurst* → frnhd.(md.) *worst*
- die vokalischen Ausgleicherscheinungen

Beseitigung der Hebung in der ersten Person Sg. (Angleichung an den Infinitiv):

mhd. *ich gibe* → frnhd. *ich gebe*

- Angleichung der Präteritalformen der schwachen Verben an die Infinitivform
  mhd. *hœren - hôrte - gehôrt* → frnhd. *hŏren - hörte - gehört*
- Ausgleich im Ergebnis der Dehnung:
  mhd. *was wâren* → frnhd. *war [va:r] waren [va:rən]*

Die Realisierung dieser Neuerungen ergab im Frühneuhochdeutschen folgendes
Vokalsystem:

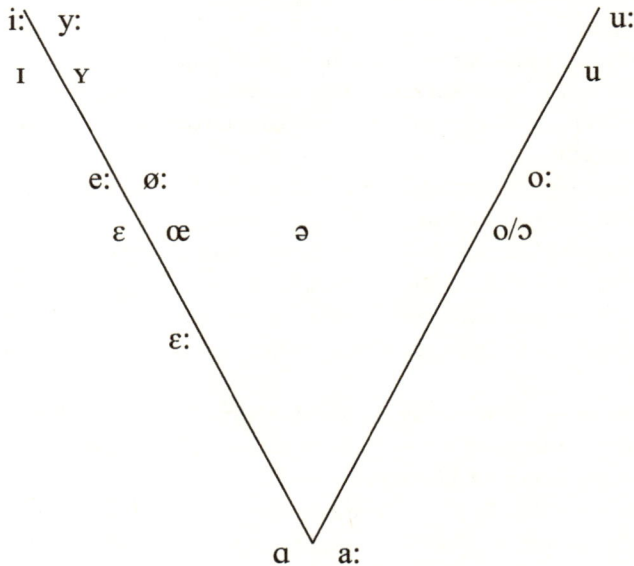

Anschließend werden nur die Diphthongierung, die Monophthongierung, der
Zusammenfall der alten und neuen Diphthonge und die Ausgleicherscheinungen
kurz behandelt.

Die frnhd. standardsprachliche Diphthongierung

Die langen Stammsilbenvokale [i:], [y:] und [u:] wurden zu [ei]/[ai], [ɔy] und
[au] diphthongiert:

mhd. *mîn niuwes hûs* → frnhd *mein neues haus*

Diese Diphthongierung begann im 12. Jh. im Südbairischen (Kärnten, Südtirol) und hat sich im Laufe des Mittelhochdeutschen im ganzen bairischen Sprachraum durchgesetzt (vgl. Schmidt 2007: 360). Am Anfang des Frühneuhochdeutschen taucht sie im Ostmitteldeutschen auf, wobei sie sich damals nur teilweise durchgesetzt hat. Die Diphthongierung hat zuerst das Böhmische (nach 1250) und das südliche Schlesisch (um 1300) erfasst (Moser 1929: 154). Im Obersächsischen taucht sie am Anfang der frnhd. Epoche auf, doch erst in der ersten Hälfte des 15. Jh. hat sie sich dort völlig durchgesetzt. In derselben Zeit taucht sie im Ostfränkischen und etwas später im Schwäbischen auf. Im Rheinfränkischen und in Teilen des Thüringischen verbreitet sie sich erst um die Mitte des Frühneuhochdeutschen (vgl. Moser 1929: 154 f.). Es kann also angenommen werden, dass die Diphthongierung in der Thorner Kanzlei nicht früher als um das Jahr 1400 notiert wird. Dies hat die Analyse von J. Grabarek (1984: 50–63) bestätigt.

Die frnhd. standardsprachliche Monophthongierung

Die mhd. Diphthonge [ie], [ʏe] und [uo] wurden entsprechend in [i:], [y:] und [u:] monophthongiert:

mhd. *liebe guote brüeder* → frnhd. *liebe gute brüder*

Dieser Wandel begann schon um das Jahr 1100 im mitteldeutschen Sprachraum (Rheinfränkisch, Mittelhessisch) und hat sich in den nächsten Jahrhunderten schnell durchgesetzt (Schmidt 2007: 362). So sei angenommen, dass dieser Wandel den ganzen omd. Sprachraum noch vor dem Beginn des Frühneuhochdeutschen erfasst hat und er im weiten Osten des Ostmitteldeutschen um die Mitte des 14. Jh. realisiert werden musste.

Dies bestätigen die Forschungen zur kursächsischen (Kettmann 1969) als auch zur Prager Kanzlei (Skála 1967). Diese Erscheinung blieb dem Bairischen und der Westhälfte des Ostfränkischen fremd.

Der Zusammenfall der alten und neuen Diphthonge

Die alten mhd. Diphthonge [eɪ], [œu] und [ou] sind mit den neuen infolge der Diphthongierung entstandenen Diphthongen [eɪ]/[aɪ], [oʏ] und [au] zusammengefallen. Dieser Wandel begann am Anfang des Mittelhochdeutschen im obd. Sprachraum (Schmidt 2007: 369). So fällt seine Realisierung mit der Diphthongierung zusammen. Noch am Anfang des Frühneuhochdeutschen wurden die alten und die neuen Diphthonge z.T. auseinandergehalten. Doch mit der Zeit hat sich der Zusammenfall durchgesetzt. So kann man für die zweite Hälfte des

Frühneuhochdeutschen in der Standardsprache den Zusammenfall als realisiert bezeichnen. In den Mundarten haben die Diphthonge unterschiedliche Entwicklungen durchgemacht (vgl. Moser 1929: 168–186).

Vokalische Ausgleicherscheinungen

In der ersten Person Singular wurde die Hebung beseitigt (Angleichung an die Infinitivform):

mhd. *ich gibe* → frnhd. *ich gebe*   mhd. *ich nime* → frnhd. *ich neme*

Auch im Bereich der Präteritalformen kam es zum vokalischen Ausgleich:

- Angleichung an die Infinitivform bei schwachen Verben:
  mhd. *hœren - hôrte - gehôrt* → frnhd. *hören - hörte - gehört*
- Ausgleich im Ergebnis der Dehnung:
  mhd. *was wâren* → frnhd. *war [va:r] waren [va:rən]*
- Ausgleich zwischen den Plural- und Singularformen des Präteritums bei den Verben der ersten und zweiten Ablautreihe, der zur Abschaffung des Diphthongs im Singular führte:

mhd.	*rîten*	*rîte*	*reit*	*riten*	*geriten*
frnhd.	*reiten*	*reite*	*ritt*	*ritten*	*geritten*
mhd.	*biegen*	*biuge*	*bouc*	*bugen*	*gebogen*
mhd.	*biegen*	*biege*	*bog*	*bogen*	*gebogen*

Für die vorliegende Analyse ist nur der Übergang des Diphthongs in den Monophthong im Singular Präteritum von Bedeutung.

Im Weiteren wird auf die Realisierung der Diphthongierung, der Monophthongierung, des Zusammenfalls der alten und neuen Diphthonge sowie des Ausgleichs im Bereich des Präteritums der Verben der ersten und zweiten Ablautreihe eingegangen.

Die Diphthongierung

Die Diphthongierung der einzelnen langen Vokale verlief nicht völlig gleichzeitig und sie wurde nicht immer schriftlich markiert. Aus diesem Grunde wird die Diphthongierung der einzelnen langen Vokale getrennt behandelt.

Dem mhd. [i:] entsprechen in den untersuchten Texten folgende Grapheme und Graphemsequenzen: „i", „y", „ï", „ÿ", „ei" und „ey", wobei die letzten vier Zeichen selten vorkommen.

Die Grapheme „ï" und „ÿ" treten nur in den ältesten Aufzeichnungen auf. Das Trema kann hier als Hinweis auf die Länge des Vokals angesehen werden. Möglich ist aber auch die Interpretation als Ausdruck der ersten Stufe der Diphthongierung, also als Ausdruck von [ıı] und weiter [əı]. Als erste Etappen der Diphthongierung werden die Überdehnung und die Bildung von zwei gleichen Monophthongen angesehen.

K *czit* -1, 966, 1645 u. ö.	*czyt* - 297, 391, 815 sp.	
C/T *czit* - 239, 826	*czyt* - 171, 295, 472 sp.	*czeit* - 15, 623, 1056
C/T *sin* - 3, 9, 125 sp.	*syn* - 5, 430, 493 u. ö.	
K *sin* - 5, 717, 1703 sp.	*sein* - 29, 114, 996 u. ö.	*seyn* - 773, 1012, 1056 sp.
K *by* - 240, 907, 1850 u. ö.	*bÿ* - 42	*blÿ* - 202
C/T *by* - 24, 327, 932 u. ö.	*bey* - 889, 948, 1062 u. ö.	
K *vry* - 362, 392, 466 sp.	*vrÿ* - 47	*vrïtagis* - 46
C/T *fry* - 142, 495, 496 sp.	*frey* 285, 506, 727 u. ö.	
K *bliben* - 118, 1189, 1414	*bleyben* - 680, 805	*bleiben* - 1107
C/T *bleiben* - 137, 631, 912 sp.	*bleyben* - 371, 408, 507	*bliben* - 6

Die einfachen Grapheme stehen nicht unbedingt für Monophthonge, denn die Graphie verhielt sich immer konservativer als die Phonie (vgl. Fleischer 1965: 461 ff.). Davon zeugt auch das Nebeneinander von den einfachen Graphemen „i" und „y" in den Aufzeichnungen aus der Zeit nach 1400. Das Auftauchen der Graphemsequenzen um das Jahr 1400 zeugt davon, dass die Diphthongierung des mhd. [i:] in diesem Raum und in dieser Kanzlei schon gegen Ende des 14. Jh. begonnen haben musste. Der Gebrauch der Graphemsequenzen „ei" und „ey" hing teilweise von Schreibern und teilweise von der Distribution des Lautes ab. Die Varianten „y" und „ey" sind häufiger vor Nasalkonsonanten als vor übrigen Konsonanten.

Die Grapheme „ï" und „ÿ" treten sporadisch in den Aufzeichnungen aus der Zeit um 1380 auf. Sie repräsentieren den langen Monophthong. Nicht ausgeschlossen ist die Interpretation als Repräsentant eines stark ausgedehnten Vokals, sogar eines z.T. geteilten Vokals ([ï]/[ıı]/[ij] (vgl. Grabarek 1984: 51 f.).

Die Diphthongierung von [i:] erfolgte nicht in allen Wörtern zur gleichen Zeit. Aus den gefundenen Belegen ergibt sich, dass z.B. die Diphthongierung in der Präposition „bei" erst nach 1420 begonnen haben musste.

Als Entsprechungen des mhd. [y:] tauchen mehrere Grapheme und Graphemsequenzen auf, die das Ergebnis der Unsicherheit der Schreiber bei der Notierung des Übergangsstadiums bei der Diphthongierung sind:

„w(w)"
K - *schwne* - 1895   *nwe* - 1889   *nwwen* - 1900

„ẅ"
K *schẅne* - 438

„uw"
K *ebintuw*(er) - 890   *nuwe* - 286
C/T *ebentuwer* - 525

„euw"
K *ebinteuwir* - 897   *feuwirwerg* - 996

„ew"
K *schewne* - 1038, 1221   *newen* 1691   *ebentewer* - 1348   *ewentewer* - 1907
C/T *schewne* - 240, 592, 1038 sp.   *newe* - 464, 948   *newes* - 734

„aw"
K *schawne* - 783   *Nawenstadt* - 722

„u"
K - *Nuwenstad* - 680   *Nuwenstat* - 1260
C/T - *nue* - 379, 400, 414 sp.   *huzer* - 478   *lute* - 120, 294, 489 sp

„eu"
C/T *scheune* - 455

„ü"
K *ebintüre* - 196

„uy"
K *ebintuyr* - 138   *fuyrwerk* - 660

Die in den Aufzeichnungen aus der Zeit um das Jahr 1400 (1407, 1408) auftretende Graphemsequenz „au" ist ein Reflex des Übergangs von [oi]/[oy] in [au]/[ao].
Dieser Wandel war für den thüringischen und obersächsischen Sprachraum (vgl.
Naumburg) charakteristisch. Es sei angenommen, dass der betreffende Schreiber
aus diesem Raum stammen musste (vgl. Grabarek 1984: 58).

Die sporadisch vorkommende Graphemsequenz „uy" ist schwer zu deuten,
denn das „y" kann hier als Nebensilben-[ə] oder als zweite Komponente des neuen
Diphthongs (vgl. Moser 1929: 30, Schirmunski 1962: 227) interpretiert werden.
Diese Schreibweise ist wohl das Echo des Übergangs des mhd. Substantivs *viur*
zur Zweisilbigkeit (nhd. *Feuer*).

Aufgrund der Analyse der Belege lässt sich schlussfolgern, dass die Diphthongierung des mhd. [y:] etwas später als die Diphthongierung des mhd. [i:] realisiert
wurde. Sie musste kurz vor 1400 begonnen haben.

Als Entsprechungen des mhd. [u:] treten im analysierten Text einfache Grapheme und Graphemsequenzen auf:

„u"

K *hus* - 359, 615, 1427 sp.   *us* - 356, 367, 1344 u. ö.

uf - 1, 26, 45   *uff* - 73, 486, 1514 u. Ö

C/T *hus* - 33, 226, 974 sp.   *us* - 50, 826, 961 u. ö.

„v"

K. *vf* - 3, 45, 1147 sp.   *vff* - 929, 1174, 1403 sp.

„o"

K - *of(f)* - 519, 862, 1189 sp.

„w"

K - *hwsz* - 1895   *mwr* - 1705

„aw

C/T - *haws* -790, 938, 1051 u. ö.

„au"

C/T - *haus* 175, 478, 777

„uw"

K *muwir* - 619

„auw"

K *mauwer* 902, 1393, 1605   *mauwir* - 696

„ue"

K *muerer* - 468 (Maurer)

Die von der Realisierung der Diphthongierung zeugenden Graphemsequenzen
„aw", „auw" und „au" treten erst in den nach 1410 verfassten Texten auf, was
davon zeugt, dass die Diphthongierung des mhd. [u:] in diesem Raum und in
dieser Kanzlei erst im 15. Jh. begonnen haben musste.

Schwer zu bestimmen ist der Lautwert der Graphemsequenz „ue". In Frage
kommen folgende Möglichkeiten:

– „e" als Markierung der Länge,
– „ue" als Ausdruck von [y:].

Da die Markierung der Länge mit Hilfe von „e" im Text des Schöffenbuches nicht
üblich ist, soll diese Interpretation eher ausgeschlossen werden. Im Mittelhochdeutschen lautete dieses Substantiv *mûrære*, das Substantiv „Mauer" *mûr*, doch
in manchen Texten (vgl. Moser 1929: 98) sind Formen mit Umlaut zu finden
([my:rɛ:rə]/my:r]]. So kann dieses „ue" als Ausdruck von [y:] interpretiert werden
(vgl. Grabarek 1984: 57).

Zum Zusammenfall der alten und neuen Diphthonge

Die neuen Diphthonge sind anfangs noch nicht völlig mit den alten zusammengefallen, wovon die z.T. unterschiedliche Schreibweise zeugt:

mhd. „ou"

vorkoufft - K 486, 790, 1907 u. ö.	*verkauft* K. 1246, 1447, 1888 sp.
ouch - K 146, 339, 1243 u. ö.	*ouch* - C/T 25, 312, 941 u. ö.
vrouwe – K 552, 623, 796 u. ö.	*frauwe* – K 796, 885, 1646 u. ö.
vrowe - K.365, 422, 483 u. ö.	

Der Zusammenfall der beiden Diphthonge scheint erst nach 1420 realisiert zu
sein, wovon das Auftauchen der von der Öffnung zeugenden Schreibweise „au"
zeugt. Dieser Vorgang lässt sich anhand der Schreibweise des Nomens „Hausfrau"
und des Partizips „verkauft" verfolgen:

husfrauwen C 52, 417, 822 u. ö.	*husfrauwe* C. 520, 568, 757 sp.
hausfrauwe C 79, 529, 917 sp.	*hawsfrauwen* C. 406, 929
hawsfrauwe 934, 1011	
verkauft - K 1246, 1447, 1888 sp.	*vorkauft* - C 73, 614, 930 sp.

Im Schlesischen erfolgte dieser Zusammenfall etwas früher, nämlich schon in der
zweiten Hälfte des 14. Jh. (vgl. Grabarek 1984: 67).

Für die Fortsetzung des mhd. Diphthongs [öu] wurden keine sicheren Belege
gefunden.

Die Graphemsequenz „ew" in

hewptluthe - K 1773 *kewffin* - K 718

ist auf die mhd. Varianten mit [œu] zurückzuführen, also nicht auf *kofen* und
houbtluthe, sondern eher auf *köufen* und *höubtluthe*.

Der Zusammenfall mit dem neuen Diphthong ist nur im Falle des mhd. [ei]
anzunehmen. Davon zeugt die Schreibung beider Diphthonge mit „ei" oder „ey":

ein – K 1384, 1645, 1888 u. ö.	*eyn* – K 23, 600, 1895
meister - K 18, 1057, 1900 u. ö.	*meyster* - K 511, 768, 1859
ein – C/T 18, 60, 204 u. ö.	*eyn* – C/T. 197, 284, 372 u. ö.
meister - C/T 79, 424, 833 u. ö.	*meyster* - CT 422, 394, 793 sp.

Aufgrund der Analyse kann angenommen werden, dass der Zusammenfall der
neuen und alten Diphthonge noch vor 1400 begonnen hat und in kurzer Zeit
realisiert wurde (vgl. Grabarek 1984: 38–40).

Die Monophthongierung

Die Monophthongierung ist im Falle des mhd. [iɛ] nicht immer eindeutig erfassbar, denn die Länge des [i:] wurde manchmal mit Hilfe von „e" markiert, was die Beibehaltung der mhd. Schreibweise bedeutete:

tier - K 889, 1132, 1221 sp.
riemer - K 1504, 1552, 1583
hie - K 902, 1314, 1716 sp.
viel K - 66
priester - K 1119, 1402

Die Schreibweise mit „ie" ist in diesen Fällen nicht als Repräsentant des Diphthongs anzusehen, sondern eher als Ausdruck der konservativen Graphie (vgl. Grabarek 1984: 69).

Die von der Realisierung der Monophthongierung zeugende Schreibweise mit „i" und „y" taucht kurz vor dem Jahr 1400 auf:

hir K - 815, 876, 1896 sp.	*hyr* – K 870
hir – C 125, 435, 508 sp.	*rimer* – K 1567, 1847, 1916 sp.
vil – K 71, 1026, 1222 u. ö.	*vil* – C 115, 267, 823 sp.
prister – K 47, 918, 1929 sp.	*nymand* – K 719, 1110, 1254 sp.
lys - K 466, 472, 660 sp.	*lis* - K 26, 424, 690 sp.

Das Schwanken zwischen den beiden Schreibweisen (Graphemsequenz, einfaches Graphem) ist ein Ausdruck der Unsicherheit der Schreiber und zugleich des Schwankens zwischen historischer und phonetischer Schreibweise. Das Graphem „y" steht vor allem zwischen Nasalkonsonanten, seltener vor [r] und nach [l].

Die Monophthongierung von [uɔ] wurde damals völlig realisiert, wovon der Gebrauch des Einzelgraphems „u" (einmal auch „w") zeugt.

bruder – K 534, 970, 1679 u. ö.	*bruder* - C/T 6, 231, 477 u. ö.
muter - K 422, 911, 1702 u. ö.	*muter* – C/T 3, 256, 685 u. ö.
brudir – C/T 26, 128, 343 sp.	*mutir* – C/T 75, 94, 775 sp.
gut K 552, 604, 1712 u. ö.	*bude* - K 805, 1342, 1893 u. ö.
czu – K 596, 1644, 1713 u. ö.	*czw* - K 1252

Auch die Monophthongierung des mhd. [yɛ] wurde damals in der Thorner Kanzlei realisiert, wovon der fast ausnahmslose Gebrauch von Einzelgraphemen („ü", „u", „ö" und „o") zeugt, nur zweimal wurde die Graphemsequenz „uw" gefunden:

gebrudere – K 271, 1338, 1846 sp.	*gebrudere* – C 197, 382, 577 sp.
brudern - K 534, 689, 1115 sp.	*brüdern* – K 16

brudern – C/T 344, 718, 755 sp.   *Huwnergassen* - K 1943
Hünergasse(n) – K 501, 577   *Hunergassen* – K 1432

Ausgleicherscheinungen im Präteritum der Verben der ersten und zweiten Ablautreihe

Der Übergang des Diphthongs [ei] in den Monophthong [|] im Singular Präteritum der Verben der ersten Ablautreihe als Ergebnis der Ausgleicherscheinungen wurde nicht realisiert. Es gibt nur wenige Belege für diese Formen. In allen Fällen weisen die betreffenden Verbformen eine Graphemsequenz im Singular Präteritum auf.

Text	Infinitiv	Präteritum Singular	Präteritum Plural
K	*bliben* 118, 1189,1414 *bleiben* - 1107 *schriben* - O, 1819	*bleib* 152 328 *schreib* 11, 1503	*blybin* - 364
C/T	*schriben* - 125 *schryben* - 325	*bleyb* - 408 *schreib* - 553	*blyben* - 491 *bliben* - 6, 139

Im Präteritum Singular wurden also im Text keine Konkurrenzformen mit den einfachen Graphemen „i" oder „y" gefunden, die von dem Übergangsstadium zeugen würden. Die alten Diphthonge im Präteritum Singular haben sich auch in der zweiten Hälfte des Frühneuhochdeutschen erhalten, wovon u.a. die Schreibungen bei Luther (vgl. Bach 1934: 90) zeugen (Schmidt 2007: 372):

steic   bleib   beis

Es wurden keine Belege für die Verben der zweiten Ablautreihe gefunden.

Schlussfolgerungen

In Übereinstimmung mit der zeitlichen und räumlichen Situierung des Textes - im Osten des omd. Sprachraumes im Grenzgebiet zum niederdeutschen Sprachraum im ersten Jahrhundert der frühneuhochdeutschen Epoche - wurden realisiert:

- die standardsprachliche Monophthongierung -volle Realisierung schon in den ersten

Aufzeichnungen;

- die standardsprachliche Diphthongierung - im Realisierungsstadium;

Die Diphthongierung aller drei langen Vokale erfolgte nicht gleichzeitig. Die Diphthongierung des [iː] begann schon um 1480, die Diphthongierung von [uː] kurz vor 400 und die Diphthongierung von [yː] erst um 1410.

– der Zusammenfall der alten und neuen Diphthonge - mindestens teilweise realisiert.

Es sei angenommen, dass der Diphthong [ei] damals noch nicht geöffnet war, wovon z. B. das Fehlen der Graphemsequenzen „ay" und „ai" zeugt. Der neue und der alte Diphthong wurden mit der Graphemsequenz „ei" und „ey" fixiert. Der neue aus [uː] entstandene und der alte Diphthong [ou]/[ɔu] wurden mit „au" und seltener mit „aw" geschrieben.

Im Falle des dritten Paares der Diphthonge lassen sich wegen der großen Anzahl von unterschiedlichen Schreibungen keine sicheren Angaben machen. Der neue Diphthong wurde als „uw", „uy", „euw", „ew", „eu" und sogar „aw" fixiert, der alte dagegen nur als „ew", wobei es hier keine sicheren Belege gibt.

Primärliteratur (Druckausgaben der untersuchten Texte)

Liber scabinorum veteris civitatis Thoruniensis 1363–1428, herausgegeben von Kazimierz Kaczmarczyk, Toruń 1936: Towarzystwo Naukowe w Toruniu (= Fontes 29). (Kurzform: K)

Liber scabinorum veteris civitatis Toruniensis (1428–1456). Prima pars (1428–1443), herausgegeben von Karola Ciesielska und Janusz Tandecki, Toruń 1992: Towarzystwo Naukowe w Toruniu (= Fontes 75). (Kurzform: C/T)

Sekundärliteratur

Ebert, Peter Robert/Reichmann, Oskar/Solms, Hans Joachim/Wegera, Klaus-Peter (1993):

Frühneuhochdeutsche Grammatik, herausgegeben von Oskar Reichmann und Klaus-Peter Wegera, Tübingen: Max Niemayer Verlag.

Fleischer, Wolfgang (1965): *Zum Verhältnis von Phonem und Graphem bei der Herausbildung der neuhochdeutschen Schriftsprache,* in: Wissenschaftliche Zeitschrift der Friedrich-Schiller-Universität Jena 3/1965, S. 461–472.

Grabarek, Józef (1984): Die Sprache des Schöffenbuches des Alten Stadt Toruń, Rzeszów: Wydawnictwo WSP.

Grabarek, Józef (1989): *Zur Herkunft der deutschsprachigen Bürger der Stadt Thorn im 14. und 15. Jahrhundert,* in: Norbert Reiter (Hrsg.): *Sprechen und Hören.*

Akten des 23. Linguistischen Kolloquiums. Berlin 1988, Niemeyer, Tübingen 1989 (= Linguistische Arbeiten 222), s. 39–50

Grabarek, Józef (2004); *Die Ostkolonisation im westslawischen und baltischen Sprachraum bis 1350*, in: Bartoszewicz, Iwona/Hałub, Marek/Jurasz, Alina (Hrsg.): *Werte und Wertungen*, Wrocław 2004, Atut, S. 504–512.

Hanzeatyckie miasto Toruń, in: Słowo Pomorskie, August 1933.

Herrlitz, Wolfgang (1970): Historische Phonologie des Deutschen, Teil I: Vokalismus, Tübingen: Max Niemeyer Verlag.

KLUGE: Etymologisches Wörterbuch der deutschen Sprache, bearbeitet von Elmar Seebold, 24. durchgesehene und erweiterte Auflage, Berlin/New York: Walter de Gruyter.

Mettke, Heinz (1978): Mittelhochdeutsche Grammatik: Laut- und Formenlehre, vierte Auflage, Leipzig: VEB Bibliographisches Institut.

Mitzka, Walther (1937): Grundzüge nordostdeutscher Sprachgeschichte, Halle/ Saale: Niemeyer.

Moser, Virgil (1929): Frühneuhochdeutsche Grammatik, I.. Band: Lautlehre, 1. Hälfte:

Orthographie, Betonung, Stammsilbenvokale, Heidelberg: Carl Winter's Universitätsbuchhandlung.

Paul, Hermann (1929). Mittelhochdeutsche Grammatik, zwölfte Auflage, bearbeitet von Erich Gierach, Halle (Saale): Max Niemeyer Verlag.

Penzl, Herbert (1969): Geschichtliche deutsche Lautlehre, München: Max Hueber Verlag.

Perlbach, Max (1873): *Die ältesten preußischen Urkunden. Kritisch untersucht*, in: *Altpreußische Monatsschrift*, Bd. 10/1873.

Schirmunski, Viktor Maksimowitsch (1962): Deutsche Mundartkunde: Vergleichende Laut- und Formenlehre der deutschen Mundarten, Berlin: Akademie Verlag.

Schmidt, Wilhelm (2007): Geschichte der deutschen Sprache: Ein Lehrbuch für das germanistische Studium, 10., verbesserte und erweiterte Auflage, erarbeitet unter der Leitung von Helmut Langner und Norbert Richard Wolf, Stuttgart: S. Hirzel Verlag.

Skála, Emil (1967): *Die Entwicklung der Kanzleisprache in Eger 1310–1660*, Berlin: Akademie-Verlag.

Zimmerling, Dieter (1988): Der Deutsche Ritterorden, Düsseldorf u. a.: Econ-Verlag.

Internetquellen

Hanzeatyckie miasto Toruń, in: otoruniu.net.

Kalendarium historii Torunia, in: pl:wikipedia.org

Landkreis Kulm (Weichsel), in: territorial.dedawp/kulm/landkreis

Toruń, in: pl:wikipedia.org

Toruń, in: de:wikipedia.org

Zamek w Malborku, in: pl.wikipedia.org

4 Schlesien

Anna Just (Warszawa)

Zur Graphemik der Liegnitzer Kanzleisprache in der frühneuhochdeutschen Zeit

Abstrakt: Im Fokus des Beitrags stehen ausgewählte Aspekte der Graphemik der deutschen Kanzleisprache in Niederschlesien. Anhand handschriftlicher Kanzleikorrespondenzen aus dem Fürstentum Liegnitz wird hier ein Einblick in das Schriftsystem der deutschen Sprache der Frühen Neuzeit in Niederschlesien gegeben, insbesondere in die Schreibung von Eigennamen und Titeln.

Schlüsselwörter: Fürstentum Liegnitz, Eigennamen, Kleinschreibung, Großschreibung, Abbreviaturen

Im vorliegenden Beitrag wird ein Überblick über ausgewählte Aspekte der Graphemik der deutschen Kanzleisprache in handschriftlichen Quellen der Frühen Neuzeit aus Niederschlesien geboten. Die Ausführungen erheben keinen Anspruch auf Vollständigkeit, geben aber zumindest einen Einblick in das Schriftsystem der deutschen Sprache der Frühen Neuzeit in Niederschlesien. Vorausgeschickt sei auch, dass die nachfolgenden Ausführungen nur einen Ausschnitt aus der umfangreichen handschriftlichen Überlieferung in Niederschlesien als Grundlage haben. Das Textkorpus setzt sich aus Schriftstücken zusammen, deren Auswahl einer strengen Beschränkung unterlag, und zwar einer räumlichen auf das ehemalige *Herzogtum Liegnitz* und einer textlinguistischen auf die Kommunikationsform *Brief* mit diversen frühneuzeitlichen Briefsorten. Als Einleitung und Hintergrund werden zunächst einige Aspekte des kulturgeschichtlichen Hintergrunds des Textkorpus erörtert.

1 Kulturgeschichtliche Einbettung des Quellenkorpus[1]

Das Quellenkorpus für die nachfolgenden Ausführungen bilden rund 200 handschriftliche, im Staatsarchiv in Liegnitz, das als Zweigstelle zum Staatsarchiv Breslau gehört, aufbewahrte Schriftstücke. In acht Sammelhandschriften vereinigt, sind sie im Archivfond *Akta miasta Legnicy* (Stadtakten von Liegnitz: Abkürzung

---

[1] Die hier präsentierten Ausführungen decken sich teilweise mit eigenen Ausführungen, die in meiner Monographie zu weiblichen Korrespondenzen im Herzogtum Liegnitz (1546–1678) präsentiert sind. Vgl. Just 2014, Kapitel 1 und 5.

AM L.) enthalten, in dem sich zudem zahlreiche weitere Sammelhandschriften befinden, die einen Bezug zur Stadt *Liegnitz* und/oder zum *Herzogtum Liegnitz* haben. Der Archivfond *Akta Miasta Legnicy* selbst ist wiederum nur einer von einem guten Dutzend im Liegnitzer Staatsarchiv aufbewahrten Archivfonds, die in der germanistischen Forschung kaum oder nur zum Teil bekannt sind, aber für eine systemlinguistische Beschreibung des Frühneuhochdeutschen in Niederschlesien, insbesondere aber der Sprache deutschsprachiger Kanzleien im niederschlesischen Raum, große sprachhistorische und regionalkulturelle Bedeutung haben. Der Archivfond *Akta Miasta Legnicy* dokumentiert mehrere Lebensbereiche des im niederschlesischen Flachland gelegenen mittelalterlichen und frühneuzeitlichen *Herzogtums Liegnitz* mit der Hauptstadt *Liegnitz*. Hierzu gehören etwa die Geschichte und Angelegenheiten des *Liegnitzer Fürstenhauses* sowie des *Herzogtums Liegnitz* wie z. B. Stadtverwaltung, Privilegien, Rechtsan- gelegenheiten, Gerichtsbarkeit, alte Stadtordnungen, Handel, Handwerk und Gewerbe, Bildung und Schulwesen, Angelegenheiten der Kirche, Hofleben u.a. Schon die Vielfalt der erwähnten Lebensbereiche macht deutlich, dass mit den überlieferten handschriftlichen Quellen eine Unmenge von unterschiedlichen (deutschsprachigen) Texten und somit Textsorten mit unterschiedlichen Kommu- nikationsfunktionen vorliegen muss. Sie sind Ausdruck einer verstärkten, in alle Bereiche des täglichen Lebens vordringenden Schriftlichkeit, die wiederum eine unabdingbare Konsequenz der mit dem Aufschwung der Städte kontinuierlich expandierenden kommunikativen Anforderungen ist. Mit der Verschriftlichung des Lebens ging naturgemäß eine Diversifikation der Textsorten einher als Er- gebnis neuer Bereiche und Formen der Kommunikation.

Bei den handschriftlichen Schriftstücken des Quellenkorpus handelt es sich um Briefe adeliger Frauen und Männer, die durch ihre Abstammung aus dem *Liegnitzer Fürstenhaus*, ihren Wohnsitz und/oder Handlungsraum, ihre offiziellen und mitunter auch privaten Angelegenheiten in direkter Verbindung mit dem *Herzogtum Liegnitz* stehen. Adressaten sind dagegen in überwältigender Mehrheit der Bürgermeister und/oder der Rat der Stadt *Liegnitz*, viel seltener auch andere Bedienstete der Stadt *Liegnitz* oder des *Herzogtums Liegnitz*. Nur wenige Briefe sind an adelige Frauen und Männer aus dem *Liegnitzer Fürstenhaus* gerichtet.

Zu klären bleibt die Frage, ob die Briefe an den Bürgermeister und/oder den Rat von Liegnitz bzw. andere Amtsträger der Stadt oder des Herzogtums als *Kanzlei*-Texte betrachtet werden dürfen. Fakt ist, dass sie aufgrund der personell definierten, auf die Stadtverwaltung begrenzten Empfängerschaft einer Bearbei- tung in der städtischen Kanzlei unterlagen. Problematisch ist nur die Frage, wer sie verfasst hat – der jeweilige Absender selbst oder ein Schreiber. Hinsichtlich der möglichen Zuordnung zur Kanzleisprache ist jedenfalls an die einschlägigen Ausführungen von Greule zu erinnern:

> Kanzleisprachenforschung erforscht – im Wesentlichen in der Periode des Frühneuhochdeutschen und unabhängig vom Raum – das in einer Kanzlei verfasste und dort niedergeschriebene deutschsprachige Schrifttum gleich welcher Textsorte. (Greule 2001: 16)

Die Frage, ob Briefe an den Rat einer Stadt noch als Kanzleitexte betrachtet werden können, war dennoch lange Zeit Diskussionsobjekt der Kanzleisprachenforschung. Mittlerweile neigen Kanzleisprachenforscher dazu, in ihrer Forschung auch solche Briefe zu berücksichtigen und als Kanzleitexte zu betrachten. Diesem Standpunkt schließt sich auch der vorliegende Beitrag an. Auch der Umstand, dass im 16. und 17. Jahrhundert das Briefeschreiben immer noch in der Tradition der auf die antike Redekunst zurückgehenden Epistolographie stand und sich an der zeremoniösen, formelhaft festgelegten und juristisch gefärbten Schriftsprache orientierte, spricht für die Richtigkeit der Annahme.

Dem Absender- und Empfängerkreis sowie den Inhalten gemäß gehören die Korrespondenzen des Quellenkorpus in einen Kommunikationsraum, den es heute – weder unter sozialem noch geopolitischem Aspekt – in der damaligen Form nicht mehr gibt. Gemeint ist freilich das im niederschlesischen Flachland gelegene *Herzogtum Liegnitz* mit der Hauptstadt *Liegnitz*. Wie angedeutet, haben alle Beteiligten an der Kommunikationssituation, wie sie hier mit der Kommunikationsform *Brief* vorliegt, einen Bezug zur Stadt *Liegnitz* und/oder zum *Herzogtum Liegnitz*. Auch die Inhalte der Briefe beziehen sich ohne Ausnahme auf Angelegenheiten und Situationen aus dem lokalen/regionalen Alltag. Das Herzogtum Liegnitz bestand in den Jahren 1248 bis 1675. Die untersuchten Korrespondenzen dokumentieren nur die frühneuzeitliche Geschichte des Landes bis zu seinem 1675 vollzogenen Einzug als *erledigtes Lehen*[2]. Das Herzogtum Liegnitz lag in ursprünglich von Slawen besiedeltem Gebiet und bis in die zwei ersten Jahrzehnte des 13. Jahrhunderts bildeten Einwohner Niederschlesiens mit ihrer polnischen Muttersprache einen sprachlichen Monolith, obwohl bereits seit dem 10. Jahrhundert die ersten Deutschen nach Schlesien gekommen waren. Dies waren aber vor allem deutsche Ehefrauen der polnischen Piasten mit ihrem Gefolge, Geistliche und Ordensbrüder, die – von der Außenwelt abgeschirmt – entweder

---

2   1675 erlosch mit dem Tod des fünfzehnjährigen Herzogs Georg Wilhelm die männliche Linie der Liegnitzer Piasten. Nach dem Tode des letzten Liegnitzer Piasten zog Kaiser Leopold I. in seiner Eigenschaft als König von Böhmen das Herzogtum Liegnitz mit seinen Teilherzogtümern Brieg, Wohlau und Ohlau als erledigtes Lehen für die Krone Böhmen ein.

am Hofe oder hinter der Klosterpforte lebten. Trotz ethnischer Unterschiede war sowohl unter den Einheimischen wie auch den Neuankömmlingen das Gemeinschaftsbewusstsein gut entwickelt, da sie sich in erster Linie als Untertanen der schlesischen Piasten und als Einwohner des *Herzogtums Schlesien* betrachteten. Sprachliche Unterschiede wirkten sich ursprünglich in keiner Weise nachteilig auf das Gemeinschaftsbewusstsein der Menschen aus – eine Tatsache, die dem Umstand geschuldet ist, dass die Ankömmlinge die Sprache ihrer neuen Heimat bereitwillig lernten. (vgl. Piirainen 2001: 189; Wójcik 2006: 82ff.) Beträchtliche Veränderungen in den sprachlichen Verhältnissen Niederschlesiens und folgerichtig des Herzogtums Liegnitz traten erst ein mit der seit den 20er Jahren des 13. Jahrhunderts fortschreitenden deutschen Ostkolonisation, mit der zahlreiche Ansiedlungen deutscher Bauern, Handwerker und Kaufleute sowie Dörfer- und Städtegründungen nach deutschem Recht einhergingen. Die verstärkte Einwanderung deutscher Siedler förderte das Gefühl der sprachlichen und kulturellen Eigenart und Andersartigkeit der Neuankömmlinge, wodurch das anfangs noch gegebene Gemeinschaftsbewusstsein nachhaltig gestört wurde und sich stattdessen eine Trennung der Bevölkerung in Einheimische und Fremde (Kolonisten) ausprägte und allmählich, aber konsequent verschärfte. Dazu trug auch die Politik der schlesischen Herzöge bei, die sich gerne mit deutschen Rittern umgaben, denen die höchsten Hofämter verliehen wurden. Es dauerte nicht lange, bis die deutsche Kultur, deutsche Sitten und Gebräuche und schließlich auch die deutsche Sprache die Fürstenhöfe in Niederschlesien beherrschten. Nicht anders erging es niederschlesischen Städten, wo bereits seit der Wende des 13. und 14. Jahrhunderts deutsche Siedler eine dominante Position in Verwaltung, Handel und Handwerk innehatten. Dass Deutsch die Sprache z. B. rechtlicher Regelungen, Verordnungen, Zunftsatzungen und Gerichtsprotokolle war, erscheint somit ganz folgerichtig. Um die Mitte des 14. Jahrhunderts hörte die intensive Phase der Expansion der aus dem Westen kommenden Siedler auf und im Laufe des 15. Jahrhunderts nahmen die ethnisch-sprachlichen Grenzen und Übergangszonen in Niederschlesien endlich Konturen an. Im 16. und 17. Jahrhundert unterlagen sie keinen weiteren gravierenden Veränderungen – ein Umstand, der den Gebrauch der deutschen Sprache in städtischen und fürstlichen Kanzleien in Niederschlesien erklärt. Auch im Herzogtum Liegnitz war Deutsch ohne Zweifel die Sprache des Alltags und in den fürstlichen und städtischen Kanzleien wurde Deutsch geschrieben.

2 Graphemik der Eigennamen und Titel in Liegnitzer Korrespondenzen (1546–1678)

Unter der Prämisse, dass die Briefe des Quellenkorpus als Kanzleitexte betrachtet werden können und dass sie – unabhängig davon, wer sie tatsächlich geschrieben hat, der Absender selbst oder ein professioneller Schreiber – nach den Vorgaben der damaligen Briefschreibkunst abgefasst sind, was nahe legt, dass sie dem Schreibstil der Kanzlei und dem von ihr tradierten Dispositionsschema verpflichtet sind, soll im Weiteren auf ausgewählte graphematische Auffälligkeiten in der Schreibung von Eigennamen und Titeln in der Liegnitzer Kanzleisprache eingegangen werden.

2.1 Zur Schreibung von Eigennamen

In den untersuchten Korrespondenzen begegnet man Eigennamen vornehmlich in Briefbestandteilen, deren Funktion darin bestand, die Kommunikationspartner und den Ort der Ausstellung des Briefes zu benennen. Dies leisteten naturgemäß die *Außenadresse*, die *Intitulatio* als eine Art Selbstaussage des Briefausstellers über die eigene Stellung und Funktion sowie die *Conclusio* mit der Ortsangabe und Unterschrift als ihren zuletzt geschriebenen Elementen. Da sich der in der *Intitulatio* enthaltene Titel des Absenders obligatorisch aus bestimmten Komponenten zusammensetzen musste, vor allem aus *Stand* und *Geburt, Taufname, Gütern* und *Herrschaftsrechten* des Absenders, sind die Intitulationen in besonderer Weise geeignet, Rückschlüsse auf die Schreibung von Eigennamen – Anthroponymen und Toponymen – zu ziehen.

Bei Durchsicht der Briefe zeigte sich allerdings, dass weibliche und männliche Korrespondenzen getrennt betrachtet werden müssen, zumindest in puncto Schreibung von Eigennamen, weil die – insbesondere im 16. Jahrhundert – unterschiedliche Handhabung der Schreibung von Eigennamen eine nicht zu übersehende Auffälligkeit ist.

Ein Blick in die weiblichen Korrespondenzen lässt zunächst einmal eine nahezu willkürliche Inkonsequenz in der Klein- bzw. Großschreibung von Eigennamen feststellen. In Briefen ein und derselben Absenderin begegnet man mal der Großschreibung, mal der Kleinschreibung von denselben Eigennamen, ohne dass sich hier eine Regelmäßigkeit ermitteln ließe, vgl. Intitulationen als Belege (1)–(4):

(1) Von gottes gnden **Kattrina** geborne hertꜵognin von **meckelbūrgk** etc. och hertʒogin in **fchlefigin** ʒūr **ligenitʒ** vnd **brigk** etc. [1554]

(2) Von Gottes genaden Wier **Kattarina** geborne ʒū **Meckelenbūrgk** herʒtog:n ʒūr **Lignitʒ** vnd **Brig** etc. [1557]

(3)   Von gotes gnaden **kattarina** vnd **helena** geboren freūlen ȝūr **ligniȝ** vnd
      brigk
      etc. [1559]
(4)   Von gottes gnaden freūllen **kattariena** vnd freūllen **Helena** geborne
      herαogin in **schlfigin** ȝūr **liegniȝ** vnd **briegk** etc. [1563]

Diese willkürliche Handhabung der Schreibung von Eigennamen in Frauenbriefen lässt sich vornehmlich in Briefen um die Mitte des 16. Jahrhunderts beobachten. In zeitgleichen oder zeitnahen männlichen Korrespondenzen ist dagegen eine
konsequente Großschreibung von Eigennamen in Intitulationen zu verzeichnen,
vgl. (5)–(6):

(5)   Von gottes ganden **Georg** Hertȝogk in **Schlefien** ȝūr **Lignitz** vndt **Briegk**
      etc.
      [1575]
(6)   Von Gottes genaden **Joachim Friderich** Hertαog Ihn **Schlefien** ȝúr **Lignitȝ**
      vndt **Brigk** deß Ertȝftiffts ȝú **Magdebúrgk** Thúmbprobft vnd deß Lübnifchen
      Weichbildeß Pfandeßherr [1594]

Erst in den letzten Jahrzehnten des 16. Jahrhunderts ist in den weiblichen Korrespondenzen die Großschreibung von Eigennamen zunächst die überwiegende
Variante, bis sie um die Wende des 16. und 17. Jahrhunderts nach und nach
letztendlich die Oberhand gewann, vgl. Belege (7)–(12):

(7)   **Helena KürȝPachin** Gebornne Herȝogin Jnn **Schlefien** ȝūr **Ligniȝ Briegk**
      vnd **GoldPergk** Fraw aüff **Trachenbergk** vnnd **Militfch** etc. [1578]
(8)   Von Gottes gnaden **Sophia** geborne Marggreffin ȝú **Brandenbúrg**, Herȝogin
      Jn **Schlefien** ȝūr **Lignitα, Brigg** vnd **Golttbergk** etc. [1583]
(9)   Von Gottes gnaden **Anna** geborne Hertαogin ȝū **Würtenberg** Vnnd **Tegk**
      Greūin ȝū **Mümpelgartt**, aūch hertȝoginn jnn **Schlefien** ȝūr **Liegnitȝ** Vnd
      Brigg. Wittib
      [1612]
(10) Von Gottes gnaden **Elisabeth Maria** verwittibte Herȝtogin ȝú **Württen-
      berg** únd **Teck**, gebohrne Hetȝogin ȝú **Münfterberg** in **Schlefein** ȝúe **Ollß**,
      Gräfin ȝú **Mondtbelgart** únd **Glatȝ**, Fraúw ȝúe **Haydenheim, Sternberg**
      únd **Medtȝiebor**
      etc. [1670]
(11) Von Gottes gnaden, **Loūise**, verwittibte Herȝogin in **Schlefein**, ȝúr **Ligniα,
      Brieg** Vnd **Wohlaw**, geborene Fürftin ȝú **Anhalt**, Gräfin ȝú **Ascanien**, Fraw
      ȝú **Ȝerbt** ff únd **Berenbúrg** Obervormünderin únd Regentin [1672]

(12) Von Gottes gnaden **Charlotte**, vermählete Hertʒogin ʒú **Schleßwig Hollatein**, **Stormarn** únd der **Dittmarſen**, gebohrne Hertaogin in **Schleſein** ʒúr **Liegnitʒ**, **Brieg**, úndt **Wohlaw**, Gräfin ʒú **Olldenbúrg** únd **Dellmenhorſt** [1676]

Ein ebenfalls zwischen Kleinschreibung und Großschreibung schwankendes Bild bietet im 16. Jahrhundert die Schreibung von Eigennamen in eigenhändigen Unterschriften der Absender bzw. im Falle von Kopien in von Kopisten abgeschriebenen, ursprünglich eigenhändigen Unterschriften (in Kopien stets mit dem Vermerk *manu propria* versehen), und dies unabhängig davon, ob von weiblichen oder männlichen Korrespondenzen die Rede ist und ob in den Intitulationen die Klein- oder Großschreibung auftritt, vgl. Belege (13)–(14):

(13) Von gottes gnaden **Georg** Hertʒogk In Schleſien – fúr Liegnitʒ vndt Brig etc. [1585]
      georg hertʒog
      manu ppria
(14) Von Gottes gnaden **Barbara** geborne MargGraffin ʒú Brandenbúrg, Hertʒogin in Sleſein ʒúr Lignitʒ vnd Brig Wittib [1594]
      barbara hertʒogin ʒúr lignitʒ vnd brig wittib

Die einheitliche Großschreibung von Eigennamen setzt sich in männlichen Korrespondenzen schneller als in den weiblichen durch. Bereits zu Beginn des 17. Jahrhunderts ist in Männerbriefen die Kleinschreibung von Eigennamen in Unterschriften kaum mehr zu finden – im Gegensatz zu Frauenbriefen, die noch aus den zwei ersten Jahrzehnten des 17. Jahrhunderts Belege für die Kleinschreibung entweder von Vornamen oder von Städte- und Landschaftsnamen bieten. Allerdings erschwert der Duktus hier und da, ein objektives und unanfechtbares Urteil über die vorliegende Schreibung abzugeben, was Beleg (15) veranschaulicht:

In dieser in einem Brief aus dem Jahre 1670 stehenden, von einem Kopisten abgeschriebenen Unterschrift beruht die Entscheidung, ob hier *Eliſabeth Maria*, *eliſabeth maria*, *Eliſabeth maria* oder *eliſabeth Maria* steht, eher auf einer subjektiven Einschätzung.

Die Tendenz zur schwankenden Klein- bzw. Großschreibung von Eigennamen
in Frauenbriefen aus dem 16. Jahrhundert trifft auch auf die Schreibung des Aus-
stellungsortes der Briefe als Komponente der *Conclusio* zu. Erst zu Beginn des
17. Jahrhunderts wurde hier die Kleinschreibung zugunsten der Großschreibung
aufgegeben. In Männerbriefen liegt dagegen eine konsequente Großschreibung
von Ausstellungsorten im ganzen untersuchten Zeitraum vor. Eine weitere Komponente der *Conclusio* ist außer dem Ausstellungsort üblicherweise das Datum.
Auch im Datum begegnet man Eigennamen, selbstverständlich nur dort, wo die
Tagesdatierung nach Heiligen- und kirchlichen Festtagen vorkommt. Eine derartige Tagesdatierung ist lediglich in Briefen aus dem 16. Jahrhundert zu beobachten
und jedes Mal steht hier der Vorname des Heiligen großgeschrieben, vgl. Belege
(16)–(19):

(16) DatHm Jn vnſer || Stadt Franckenſtein **freitag nach Andrea.** || Jahr etc.
      xlvj ſit[en] [1546]
(17) Datūm Frankenſtein || den **Sontag nach Lūcia,** Jahr etc. xleij iſt[en] [1547]
(18) D[atum] || jn vnſer ſtadt Hanaůe **freÿtags nach Ma** || **ria Magdalena** A[nn]
      o etc.
      lvij etc. [1557]
(19) Dat[um] aufm ſchlos Hainaú **Mitt⸗** || **woch nach Martinj** ano etc. lviiij etc.
      [1559]

Auch Kanzleibedienstete pflegen die Namen der Heiligen in ihren Vermerken auf
den Briefen großzuschreiben, vgl. Beleg (20):

(20) Draüff gecſhickt 6 f[lorenos] vng[arisch] dintages nach || Vrſule jm •59•
      t[en] [1559]

Wie bereits angedeutet, sind alle analysierten Briefe an den Bürgermeister und/
oder den Rat der Stadt *Liegnitz*, teilweise auch an andere Bedienstete in *Liegnitz*
oder im *Herzogtum Liegnitz* gerichtet. Der in der Außenadresse stehende Name
Liegnitz weist eine wohl am konsequentesten eingehaltene Großschreibung auf,
bis auf einige wenige Kleinschreibungen in den weiblichen Korrespondenzen
aus dem 16. Jahrhundert. Möglicherweise ist dies die Folge dessen, dass es zum
Ausdruck der Hochachtung des Adressaten gehörte, die Außenadresse mit besonderer Sorgfalt zu gestalten. Da die Adresse der einzige Teil des Briefes ist,
der nicht allein für den Empfänger bestimmt und daher für andere sichtbar war,
wurde sie gern mit reichen Zierelementen ausgeschmückt. Dazu gehörten vor
allem der verzierte Anfangsbuchstabe (Initiale) und „der typische ‚kalligraphi-
sche Schlussschnörkel' unter den Außenadressen der Fürstenbriefe der frühen
Neuzeit" (Holzapfl 2008: 95). War die schreibende Hand im Brieftext nachlässig,

war auch die Außenadresse in aller Regel ganz schlicht und eher unbeholfen aufgezeichnet. In solchen Außenadressen begegnet auch meistens die Kleinschreibung von Eigennamen.

Die Kleinschreibung betrifft hier auch die in den Außenadressen äußerst selten stehenden Namen der Angeschriebenen, was allerdings keine Regel ist, vgl. die Außenadresse auf einem Brief von Katharina von Mecklenburg aus dem Jahre 1570 mit der Kleinschreibung des Namens *Geirden* (gemeint ist wohl Melcher Girdan, Bürgermeister in Liegnitz), Beleg (21):

(21)   an her geirden ‖ kome deisser breiff ‖ jn ſein Eigen hande

und die Außenadresse auf einem Brief von Fräulein Helena aus dem Jahre 1559 mit der Großschreibung des Namens *Melchior Jaschke* (auch Bürgermeister in Liegnitz), wohl aber mit der Kleinschreibung des Namens *Lignia* Beleg (22):

(22)   Dem erſamen weiſen vnſeren ‖ Liebenn gethreuen Melhior Jaſchken Burgermeiſter ‖ ʒur ligniʒ

Von Bedeutung als Erkenntnisquelle der Kanzleisprache in Liegnitz sind ganz gewiss auch die auf den Briefen zu beobachtenden eigenhändigen Vermerke der Kanzleibediensteten, denen die Bearbeitung der eingegangenen Briefe oblag. Gerade diese Vermerke dokumentieren den eigentlichen Sprach- und Schriftgebrauch in der Kanzlei. Aber auch hier ist die Schreibung von Eigennamen – zumindest im 16. Jahrhundert und noch zu Beginn des 17. Jahrhunderts (sporadisch auch noch später) nicht einheitlich: die Kleinschreibung wechselt mit der Großschreibung und dies unabhängig von der Kategorie des jeweiligen Eigennamens. Dies kommt hier allerdings viel seltener vor als in den bereits beschriebenen Briefsequenzen. Man könnte zur Erklärung dieser Erscheinung vermuten, dass hier mit den eingeschlichenen Kleinschreibungen weniger ein Kanzleiusus vorliegt als die dem jeweiligen Kanzleibediensteten eigenen Schreibgepflogenheiten, möglicherweise auch die Eile bei der Bearbeitung der Korrespondenzen. Jedenfalls ist hier die Tendenz zur Großschreibung von Eigennamen deutlich bemerkbar.

Will man ein Zwischenfazit aus den vorausgegangenen Erörterungen ziehen, so ist grundsätzlich zu konstatieren, dass in den untersuchten Korrespondenzen unverkennbar die Großschreibung von Eigennamen vorherrscht. Die Kleinschreibung ist insbesondere in Frauenbriefen aus dem 16. Jahrhundert zu beobachten, wenn auch in Abhängigkeit von der Kategorie der Eigennamen (vgl. die Großschreibung der Heiligennamen in Tagesdatierungen). Unverkennbar neigen die Schreiber und Kanzleibediensteten zur Großschreibung von *Nomina propria*, bis letztendlich im 17. Jahrhundert die Kleinschreibungen zu seltenen Ausnahmen werden. Ebenfalls auffallend sind – außer der Klein- bzw. Großschreibung – Schreibvarianten von ein und demselben Namen. Da sich in den analysierten Korrespondenzen bestimmte Eigennamen ständig wiederholen, liegen Belege hierfür reichlich vor, vgl. *Katharina, Kattarina, Kattariena, Catharina, Katarÿnna, Katterina; Sūpfÿa, Sofia, Sophia, Soffÿa; Schleſien, Sleſein, Schleſigenn; Liegnitʒ, Lignitʒ, Lignnitʒ, Lygenÿtʒ, Lÿgentÿʒ; Briegk, Brigk, Brig, Briegkh, Bre:ck, Brigg, Brck, Brigck; Goldpergk, Goltbergk, Goldbergk, Goltbergkh, Goldperg, Golttbergk, Golentbergck.* Der gegebene Überblick über die Vielfalt der Schreibungen offenbart wohl auch, dass selbst innerhalb einer Kanzlei und eines Raumes die jeweiligen Sprecher und Schreiber des Deutschen keine einheitliche Sprache gebrauchten, vielmehr war wohl die Kanzlei ein Schmelztiegel, in dem mehrere Dialekte des Deutschen aufeinander trafen. Die Schreibvarianten im Einzelnen zu erklären ist hier zwar unmöglich, aber den Schreibungen *Briegk, Brigk, Brig, Briegkh, Breÿck, Brigg, Brÿck, Brigck* gebührt eine besondere Aufmerksamkeit. Wie es scheint, stoßen hier vielleicht zwei Kulturen aufeinander, was im ethnisch gemischten (deutsch-polnischen) niederschlesischen Raum kaum verwundert. Hinter den Schreibungen *Breÿck, Brÿck,* vielleicht auch *Brigk, Brig, Brigg* und *Brigck* steckt eine seinerzeit weit verbreitete falsche Annahme, der Name *Brieg* leite sich vom deutschen Wort *Brücke* her. Auf diese falsche Überzeugung macht 1639 selbst Martin Opitz[3] aufmerksam und stellt fest, dass der Name *Brieg* auf das polnische Wort *Brzeg* (dt. *Ufer*) zurückgeht. (vgl. Kosellek 2000: 46f) Dies findet sich einerseits in der Lage von Brieg bestätigt (am hohen Oderufer), andererseits spricht dafür die Übersetzung der in älteren Urkunden vorkommenden Benennung der Stadt, und zwar *urbs ad altam ripam,* d.h. Stadt am hohen Ufer. (vgl. Knie 1828: 142) Die Schreibungen *Briegk* und *Briegkh* kann man wohl für eine Verballhornung des polnischen Namens halten, in dem übrigens die Dehnung des Vokals mittels *e* markiert ist und eine für die frühneuhochdeutsche Zeit typische dekorative Häufung von Konsonanten vorkommt.

2.2 Zur Schreibung von Titeln

Bekanntlich lassen sich in der frühneuhochdeutschen Periode Titel und Anreden gelegentlich nur mühsam voneinander unterscheiden, denn die Titelträger wurden mit ihren Titeln angeredet, folglich tituliert. Die ausschweifenden, sich aus mehreren Komponenten zusammensetzenden Titel waren zu umständlich in ihrem vollen Wortlaut, daher ersetzte man die komplexe Nominalgruppe durch nominale Abstrakta als sog. Anredetitel. Sooft man einen Titelträger anreden oder auch nur auf ihn referieren wollte, verwendete man ein Substantiv, das eine

---

3 Opitz äußert sich dazu in der Vorrede zu seiner 1639 in Danzig veröffentlichten Edition des *Annoliedes.* Vgl. Kosellek 2000: 46.

Eigenschaft benannte, die dem Titelträger seinem Stand und seiner Würde gemäß zukam. Im schriftlichen Sprachgebrauch dagegen resultierte dies in mannigfaltigen Abbreviaturen. Wird in untersuchten Korrespondenzen auf eine Fürstin oder einen Fürsten referiert (meistens in den Kanzleivermerken), kommen für *(Ihre) fürstliche(n) Gnade(n)* Abbreviaturen *FG, j.f.g.*, auch mit Großschreibung *J.F.G.* in Frage. Die Anredetitel mussten nicht zwingend auf die ersten Buchstaben ihrer Bestandteile abgekürzt werden, vgl. (23):

(23) J. F. Gne *oder* Ihre F. gn

Waren zwei oder mehrere adelige Personen gleichzeitig als Kommunikationspartner oder Referenzobjekte gemeint, vermehrten sich die Abbreviaturen analog zu der Zahl der Personen, vgl. Belege (24)–(25):

(24) **ff. gn. gn. Hertaog Johan** || **Chriſtians Vnd George** || **Rudolfs** Patent, daß || iemandt auſer Lande || frembde Bier oder || Scheps[4] einfhüren || Vndt verſchencken ſolle

(25) **JJJ.FFF.GGGnd**[en] heraog **Georg** || heraog **Ludwig** Heraog **Chriſtian** || begehr gnädig, || den hieſig Vhrmacher || nachm Brieg auf etliche || Wochenn ū ūlaſſenn.

Von anderen abgekürzten Anredetiteln belegt sind auch *E.L.* und *S.L.* für *Eure/ Euer Lieb(d)e(n)* und *Seine Lieb(d)e(n)* als Anredetitel für Fürstinnen und Fürsten, außerdem *E.E.W.* für *Eure Ehrsame (Wohl)Weise* oder *Eure Ehrbare Würden* als Anredetitel für den Bürgermeister und die Ratsmänner in Liegnitz.

3. Fazit

Wie einleitend angedeutet, konzentrierten sich die vorausgegangenen Ausführungen lediglich auf einen Aspekt der Graphemik der Liegnitzer Kanzleisprache, und zwar auf die Schreibung von Eigennamen und Titeln. Andere Aspekte der Graphemik (wie etwa Relation *Graph – Graphem – Laut – Phonem* oder Realisierung von *frühneuhochdeutschen Neuerungen*) mit all ihren in den analysierten Korrespondenzen gefundenen Einzelheiten müssten im Grunde für jeden Absender getrennt untersucht und beschrieben werden. In den herangezogenen Korrespondenzen erkennt man nämlich deutlich mehrere Hände – auch bei Briefen ein und desselben Absenders. Das bedeutet, dass die Briefe von mehreren Schreibern niedergeschrieben wurden. Voreilig wäre es jedoch, die Schreiber für

---

4   Laut Grimm'schem Wörterbuch ist *Scheps* (auch: *Schöps*) eine Bezeichnung für ein sehr schweres und fettes Bier, das ehemals in Breslau gebraut wurde.

die Autoren der Briefe zu halten. Viele der historischen Schriftstücke sind zwar nicht eigenhändig vom Autor aufgesetzt, aber dennoch dokumentieren sie dessen Sprachverhalten, da sie aller Wahrscheinlichkeit nach von ihm diktiert wurden. Fremd ist hier nur der Schreibduktus einschließlich der Orthographie und Interpunktion – folglich genau diejenigen Aspekte, die für die Graphemik relevant sind und die zeigen könnten, wie beispielsweise Umlaute, Länge und Kürze usw. in der Schrift markiert werden. Bei mehreren Schreibern ergeben sie jedoch kein zusammenhängendes Bild. Die Schreibung von Eigennamen und Titeln, denen in der Briefschreibkunst eine besondere Bedeutung zukam und welche Hunderte von Seiten der unzähligen Formular- und Titelbüchlein jener Zeit füllten, war deshalb derjenige Aspekt der Graphemik, der am ehesten wissenschaftlich tragbare Analyseergebnisse zu versprechen schien.

Literatur

Greule, Albrecht (2001): Deutsche Kanzleisprachen. Aufgaben der Forschung. In: Albrecht Greule (Hg.): Deutsche Kanzleisprachen im europäischen Kontext. Beiträge zu einem internationalen Symposium an der Universität Regensburg, 5. bis 7. Oktober 1999. Wien, S. 13–16.

Grimm, Jacob und Wilhelm (1854–1961): Deutsches Wörterbuch von Jacob und Wilhelm Grimm. 16 Bde. in 32 Teilbänden. Leipzig. (www.woertebuchnetz.de).

Holzapfl, Julian (2008): Kanzleikorrespondenz des späten Mittelalters in Bayern. Schriftlichkeit, Sprache und politische Rhetorik. München.

Just, Anna (2014): Schreiben und Rescripte von Frauen und Princessinnen aus dem Liegnitz(er) Fürsten Hause (1546–1678). Edition sowie eine historisch-soziopragmatische und historisch-textlinguistische Skizze. Frankfurt am Main u.a.

Knie, Johann G. (1828): Geographische Beschreibung von Schlesien preußischen Antheils, der Grafschaft Glatz und der preußischen Markgrafschaft Ober-Lausitz: Beschreibung sämmtlicher Städte und Marktflecken. Band 2. Breslau.

Kosellek, Gerhard (2000): Reformen, Revolutionen und Reisen: deutsche Polenliteratur. Wiesbaden.

Piirainen, Ilpo Tapani (2001): Deutsche Handschriften des Spätmittelalters und der Frühen Neuzeit in Schlesien. In: Walter Engel/Norbert Honsza: Kulturraum Schlesien. Ein europäisches Phänomen. Wrocław. S. 189–199.

Wójcik, Marek L. (2006): Dolny Śląsk w latach 1138–1326. In: Wrzesiński, Wojciech (Hg.): Dolny Śląsk. Monografia historyczna. Wrocław. S. 55–104.

Maria Katarzyna Lasatowicz (Opole)

Das Oppelner Urbarium vom Jahre 1566, eine Urkunde in der ostmitteldeutschen Schreibtradition

Abstrakt: Die Handschrift des Oppelner Urbariums (1566) enthält wertvolles Material für die Untersuchung der Urkundensprache des Frühneuhochdeutschen. Bei der Herausbildung der deutschen Schriftsprache wird den in den Kolonisationsmundarten aufgefassten Urkunden ein hoher Rang zugeschrieben. Das graphematische System des Textes liefert viele Beispiele für typische orthographische Merkmale des Frühneuhochdeutschen.

Schlüsselwörter: Schlesisch, Graphem, Orthographie, Laute, Frühneuhochdeutsch

Die Urbarbücher repräsentieren wichtige Quellen für die Geschichte Schlesiens zur Zeit des Spätfeudalismus. Vom 16. und 17. Jh. stammen die bekannten Urbarien, die in den Fürstentümern Oppeln und Ratibor niedergeschrieben worden sind. Der Grund für die Zusammenstellung von verhältnismäßig zahlreichen Urbaren war im Wechsel der Eigentümer der beiden Fürstentümer und der Schlossgüter zu sehen. Nach dem Tode des letzten oppelnschen Piasten, des Fürsten Johannes, erhielt der Markgraf von Hohenzollern das Fürstentum von Oppeln. Von dessen Sohn nahm es Ferdinand I. im Austausch für das Fürstentum Zagan und eine Entschädigungssumme zurück. So ist Oppeln an die Habsburgischen Fürsten gefallen. Im Jahre 1552 hatte Ferdinand I. der ungarischen Königin Isabella Zapolya die Fürstentümer von Oppeln und Ratibor auf dem Tauschweg für Siebenbürgen übergeben. Sie besaß die beiden Fürstentümer bis zum Jahre 1555. Später sind sie an die Habsburger übergegangen (vgl. Idzikowski 1863: 129) Das Oppelner Urbarium wurde im Jahre 1566 von einer Kommission verfasst, die aus Räten der schlesischen Kammer, die die Königshöfe in Schlesien verwalteten, und einem Vertreter der böhmischen Kammer bestand. Das Urbarium wurde nach der Besichtigung aller zum Schloss gehörenden Güter angefertigt. Die Urkunde besteht aus drei Kapiteln: das erste umfasst eine Besprechung der Bewirtschaftung des Schlosses. Im zweiten Kapitel befindet sich eine Übersicht über die Stadt Oppeln. Hier werden alle Einwohner, die über Bürgerrechte verfügten, den Straßen nach aufgezählt. Die genaue Präsentation von allen Stadteinkommen und Zollgebühren lassen die Struktur der Hauptbeschäftigungen der Einwohner besser erkennen. Sie haben sich mit Handwerk, Handel und Ackerbau beschäftigt. Im dritten werden alle Dörfer aus dem Komplex der Schlossgüter detailliert besprochen, auch solche, die der höheren Schlossgerichtsbarkeit unterstanden und dafür bestimmte Gebühren entrichten mussten. Dementsprechend enthält das Urbarium genaue Informationen über alle Einkommen der Schlossgüter, Lebensbedingungen der Bauern, jährliche Zinsen, Renten, Größe der Pachtstellen, wie auch alle Pflichten der Untertanen sowie Frondienste.

Aus der linguistischen Perspektive liefern die Handschriften der Urbarien ein reichliches Material zur Untersuchung der deutschen Sprache aus einer Zeit, von der verhältnismäßig wenige Belege analysiert werden. Bei der Tatsache, dass die frühneuhochdeutsche Epoche als eine riesige Normierungsbewegung im Hinblick auf eine allgemein gültige Schriftsprache gesehen wird, deren Norm sich erst gegen 1800 in allen Teilen des deutschen Sprachgebiets durchgesetzt hatte, wird den in den Kolonisationsmundarten abgefassten Urkunden ein hoher Rang zugeschrieben. Obersachsen, Mähren, Böhmen und Schlesien waren die Gebiete, wo sich Sprachmischungs- und Ausgleichsprozesse der Siedlermundarten auf einer längeren Zeitebene beobachten ließen (vgl. Schmidt 2004: 108f). Diesen großen Territorien ist in der frühneuhochdeutschen Sprachgeschichte eine besondere Rolle zugefallen. Das Ostmitteldeutsche als eine der Verkehrssprachen bekam im Prozess seiner Ausbreitung, im Verhältnis zu den anderen, den Vorrang. Dafür gab es sprachexterne und sprachinterne Voraussetzungen, die hier die herrschende politische und wirtschaftliche Rolle Sachsens anführen, die Leistung Luthers und der Charakter der ostmitteldeutschen Verkehrssprache, die die Beziehungen zu den nördlichen, westlichen und südlichen deutschen Sprachlandschaften widerspiegelte (vgl. Grabarek 1984). So kam es auf dem ostmitteldeutschen Gebiet zu einem regen sprachlichen Austausch zwischen den genannten Elementen. Der Prozess der Sprachmischung ist unmittelbar mit dem Sprachausgleich der Siedler verbunden. Frings spricht von den West - Ost - Siedlungsbahnen, die die breitflächigen Hauptlinien der Siedler umfassten. (vgl. Frings 1956: 5) Das Schlesische als eine der ostmitteldeutschen Mundarten vereinigte auch eine Menge von mundartlichen Erscheinungen: so entstand ein weites deutsch-slawisches Gebiet, in dem historische Begebenheiten ihre Widerspiegelung gefunden hatten. Am Aufbau des ehemaligen Schlesischen waren mittel-, ober- und niederdeutsche Mundarten beteiligt. Die Herkunft der schlesischen Kolonisten ist noch nicht geklärt. An der deutschen Expansion, die sich in Lausitz und in Schlesien ausdehnte, nahmen vor allem die Siedler aus Thüringen, Meißen, dem Rheinland, Hessen und Bayern teil. Zweifellos befanden sich unter ihnen auch Niederdeutsche und Niederrheiner. (vgl. Schirmunski 1962: 345) Daraus wäre zu schließen, dass das Lausitzische und Schlesische viele sprachliche Gemeinsamkeiten enthalten. Die historischen Begebenheiten haben das Schlesische vielseitig beeinflusst: die Kolonisation und die Reformation hatten vor allem die mitteldeutschen Elemente in diese Mundart hineingetragen. Da aber Schlesien vom 13. bis 16. Jahrhundert ein böhmisches Lehen war, sind auch die böhmischen Merkmale im Schlesischen zu finden. Das Bestehen von zwei Kanzleien im Süden, der Kursächsischen und der oberdeutschen, macht die sprachlichen Verhältnisse noch komplizierter. Sie bildeten das Vorbild für die zahlreichen Ortskanzleien. Das sprachliche Bild des Frühneuhochdeutschen hat aber auch die Prager Kanzlei mitgestaltet, bei der Tatsache, dass nach Meinungen von vielen Forschern die wichtigsten Ausstrahlungen der Kanzlei Ostmitteldeutschlands von Prag ausgegangen waren (vgl. Schmitt 1936: 193–223). Der gesellschaftlich - wirtschaftliche Rahmen von ostmitteldeutschen Kontaktrelationen haben der sich herausbildenden Verkehrssprache eine übermundartliche Prägung gegeben. Die Ortskanzleien in Böhmen, Mähren und Schlesien besaßen viele Gemeinsamkeiten. Bei der Charakteristik der geschriebenen Erscheinungsformen des Deutschen der Epoche des Frühneuhochdeutschen wird oft ihre dialektale Bezogenheit hervorgehoben mit besonderer Berücksichtigung der ober- und mitteldeutschen Dialektmischung. In der Urkundensprache traten daher die landschaftlichen Bindungen in den Vordergrund, auch wenn sich darin auch übermundartliche, vereinheitlichende Entwicklungstendenzen identifizieren lassen. Meistens ist es nicht einfach, den Urkundentext einer konkreten Kanzleisprache zuzuordnen, meistens wegen des ständigen Eidringens mundartlicher Merkmale, auch territorialer Varianten. Man spricht vielmehr von der Vorbildwirkung der großangelegten Kanzleien, wo die primären dialektalen Merkmale nicht verwendet werden (vgl. Hartweg/Wegera 2005: 62).

Die frühneuhochdeutschen Urkunden scheinen sich besonders für die systematischen Untersuchungen gut zu eignen. Die spätmittelalterlichen Quellen liefern viel interessantes Untersuchungsmaterial für das Studium der späteren hochdeutschen Schriftlichkeit. Dabei wäre aber auch zu betonen, dass erst die übergreifenden Analysen der von möglichst vielen Sprach und Schreiblandschaften stammenden Urkunden das bunte Bild der frühneuhochdeutschen Schriftlichkeit vervollständigen und demzufolge breitere Formulierungen zum Stand der frühneuhochdeutschen Schriftlichkeit erlauben. Die Handschrift des Oppelner Urbariums aus dem Jahre 1566 befindet sich im Breslauer Stadtarchiv und umfasst 221 nummerierte Seiten. Auf den drei letzten nicht nummerierten Seiten wird das Ortsverzeichnis hinzugefügt mit den Seiten, wo sie genau besprochen werden. Aus dem ursprünglichen Pergamenteinband hat sich nur die Vorderseite erhalten. Sonst ist die Handschrift gut erhalten. Die Schrift ist gut lesbar, steil, deutlich, gekennzeichnet durch die Flüchtigkeit der auslautenden Silben –en, -er, die oft, besonders am Zeilenende,

durch schräge Striche ersetzt werden. Zwischen Ober- und Unterlängen gibt es
keine wesentlichen Unterschiede. Auffallend sind zahlreiche Schnörkel besonders
im Anlaut bei den großen Buchstaben, aber auch z. B. bei dem anlautenden, klein
geschriebenen v findet sich ein längerer Abstrich; u wird immer mit U-Bogen versehen, der auch bei w mit dem vokalischen Wert verwendet wird. Es ist charakteristisch, daß die oberen Schleifen von t und d stärker nach links geneigt sind,
während h, b, l steil oder nach rechts geneigt sind. Am Rande, manchmal zwischen
den Zeilen über den Namen und Ziffern, werden die späteren Nachträge vermerkt.
Diese Randbemerkungen könnte man einigen anderen Schreibern zuschreiben.
Abgesehen davon, daß ihre Schrift schräg, eckig, oder steil mit längeren oder kür-
zeren Unterlängen ist, lässt sich feststellen, dass die Randbemerkungen aus späteren
Zeiten stammen. Die meisten wurden in den Jahren 1579–1599 geschrieben. Oft
wurden sie mit dem Datum versehen. Graphisch zeigen die späteren Randbemerkungen weniger Variationen und weichen sonst nicht von den im Text auftauchen-
den Formen ab. Die Handschrift ist im Druck erschienen. Da die Druckausgabe als
eine historische Quelle gedacht war, ist sie orthographisch ausgeglichen. Dagegen
wurden für die graphematisch phonetische Analyse die Formen vom Originaltext
gewählt und sie stammen von einem Schreiber. Den Ausgangspunkt der Analyse
bildete die Zusammenstellung des graphematischen Systems des Textes. In den
älteren Handschriften übermittelt zunächst die Schrift Informationen über das
phonetisch-phonologische System. Da für alle historischen Zustände Sprache nur
als geschriebene Sprache überliefert ist, kommt der Graphemik in das sich formen-
de Graphemsystem der neuhochdeutschen Sprache Bedeutung zu. Von den beiden
Auffassungen der Graphemik: einer heteronomen, d.h. phonemabhängigen und
einer autonomen, d.h. phonemunabhängigen, hat sich die autonome Graphemik
als adäquatere erwiesen und die lautbezogene Graphemanalyse sieht sich auch mit
der relativen Autonomie der Schrift konfrontiert, die schon im Frühneuhochdeutschen weit gediehen ist. (vgl. Harweg 1973: 47) Eine wichtige Frage wäre dann die
Feststellung, was für eine Relation das graphemische System mit dem phonetisch
phonologischen eingeht. Immer häufiger sind die Analysen der älteren Formen
der deutschen Sprache, in denen darauf hingewiesen wird, dass wir über ihr pho-
nologisches System nichts mit Sicherheit aussagen können, und dementsprechend
bleibt eine Darstellung nach historischen Gesichtspunkten daher notgedrungen
unübersichtlich. (vgl. Moser 1977)

Bei der Untersuchung der mundartlichen Lautstrukturen musste der größte
Wert auf den Vergleich mit dem Schlesischen gelegt werden, weil die größeren Anknüpfungspunkte mit dieser Mundart zu erwarten wären. Als grundlegende Werke,
die nähere Untersuchungen des Schlesischen enthalten, werden die Arbeiten von

Jungandreas und Unwerth betrachtet (vgl. Jungandreas 1937; Unwerth 1908). Soweit möglich wurden die Angaben durch den Vergleich mit den entsprechenden Arbeiten über mittel- und oberdeutsche Überlieferungen in Zusammenhänge gestellt (Fleischer 1970; Kettmann 1967). Das graphemisch- phonetische System des Urbariums aus Oppeln aus dem Jahre 1566 gewährt einen guten Einblick in die Urkunden aus dem 16. Jh., die in Kolonisationsmundart niedergeschrieben worden sind. Die Mundartgeographie des Gebiets um Oppeln, das auf seinem Gebiet die mittel-, oberdeutschen und böhmischen Einflüsse vereinigt, ermöglicht auch eine Konfrontation der deutschen Urkundensprache mit dem Grad der slawischen Lokalfärbung des Schlesischen. In den Bearbeitungen des Schlesischen wird betont, dass die polnischen Einflüsse in Oberschlesien im Vergleich zu Niederschlesien viel stärker gewesen waren. Dies ist sogar im Rahmen des engen Wortschatzes des Urbarium zu sehen: krzem, plaucz, robtt sind Beweise dafür. Davon zeugt auch die graphematische Wiedergabe der Eigennamen, die das graphemische System des Textes um <rz> erweitern, dank den Oppositionen, die in den übrigen Formen fast nicht oder nur sporadisch auftauchen: wludarz, Jastrzabsky, Chrzumptzicz, Wawrzin, Stolarz, Jastrzemb. In der Form Ochoze steht <z> für das polnische (dz), sonst kommt es im Inlaut zwischen Vokalen nicht vor.

Die schon bei Jungandreas und Frings geäußerte These, dass das Schlesische eine Art „Mischdialekt" repräsentiert, findet im Text ihre volle Begründung. Auffallend sind im Urbarium zahlreiche Schwankungen. Die gleiche Wortform erscheint auf einer Seite verschieden geschrieben. Außerdem werden die konsonantischen und vokalischen Veränderungen, die eine eventuelle Einordnung des Textes in eine der Kolonisationsmundarten ermöglichen würden, nicht konsequent im Text beachtet. Diese Vielfalt der nebeneinanderstehenden Formen wird auch dadurch deutlich, dass die Analyse sich auf die Schreibweise eines Schreibers konzentrierte. Die zahlreichen Variationen könnte man einerseits als ein charakteristisches Merkmal einer Kolonisationsmundart betrachten, die in einer der Urkunden in Oppeln verwendet wurde, andererseits könnte man zu der Vermutung gelangen, dass die Schwankungen mit der Aufstapelung der angeborenen Angewohnheit und einheimischen Traditionen des Schreibers verbunden waren, die teilweise seine Unsicherheit in der Kolonisationsmundart erklären würden. Der Durchführungsgrad der wichtigsten konsonantischen und vokalischen Veränderungen im Urbarium, die als maßgebend für das ganze schlesische Gebiet angenommen werden, beweisen eine Übergangsstellung der deutschen Kolonisationsmundart in Oberschlesien. Im Konsonantismus wird z. B. der Übergang des stimmhaften /b/ in das stimmlose /p/ als eine gemeinschlesische Erscheinung angesehen. Der hohe Unsicherheitsgrad in der Schreibung des bairischen und ostmitteldeutschen Zusammenfalls des an- und anlautenden p und b in stimmlose Lenis wäre aber nicht nur damit zu begründen, dass im 16. Jh. b p Formen in den Urkunden nebeneinander gestanden hatten, sondern auch damit, dass der unsichere Schreiber das p bevorzugte, was von seinen Bemühungen zur hyperkorrekten Schriftumsetzung zeugen würde. Die zahlreichen Beispiele für die beiden Schreibungen, vor allem im Anlaut, könnten außerdem mit oberdeutschen Einflüssen erklärt werden. Der kombinatorische Charakter der p/b Formen lassen die Vermutung zu, daß das Bewahren der Stimmhaftigkeit und Stimmlosigkeit nicht nur mit überdeutschen Einflüssen zusammenhing, sondern auch mit der Tatsache, daß beide Merkmale im Polnischen unterschieden werden, z. B. prieff~brieff, pette~bete, prennen~brennen, pretmhül~preth mhüle, pinpewten~Binbeüden. Die schlesische Entwicklung von althochdeutschem /p/ ist auch ein Ergebnis der Siedlermischung, die zu einem Zusammentreffen von nieder- und mitteldeutschem unverschobenen /p/ mit oberdeutschem /pf/ geführt hat. <pf> erscheint ohne Ausnahmen im absoluten Anlaut, dagegen stehen im Inlaut p und pf in einigen Formen nebeneinander: stampfradt~stambrade, hopfen~hoppen, kripfen~krippen. Ein unverschobenes p tritt noch, in Übereinstimmung mit der bei Unwerth formulierten Regel, nach m auf: sümp, gesümp. Unsere Urkunde ist letzten Endes ein interessantes Beispiel für die Verschmelzung verschiedener mundartlicher Traditionen der Siedler im Schlesischen mit denen der einheimischen slawischen Bevölkerung (vgl. Jungandreas 1928: 227). Dagegen lässt sich bei /t/ nur der hohe Schwankungsgrad in der Verwendung der < t-, th- > Schreibung im Anlaut beobachten, oft innerhalb derselben Formen. Die Belege stimmen mit denen von Moser und Fleischer überein, mit der Bemerkung, dass die kurzen Wortformen der Tendenz der th-Schreibung öfter unterlagen. Da es aber Fälle gibt, wo h seine Position innerhalb des gleichen Wortes wechselte oder ein einfaches t stand, könnte man daraus schließen, dass Zufügung eines h eine Schreibgewohnheit war, die noch im 16. Jh. vor allem anlautend sehr häufig vorkam. So wie in der Eger Kanzlei im 16. Jh. wäre die Mehrheit der t-Schreibungen der Schrifttradition zuzuschreiben. (vgl. Skala 1967: § 99) Im In- und Auslaut variieren die < t, th, tt- dt-> Schreibungen ohne phonetische Relevanz: robott robot, mauth maut. Die Grenze zwischen den mhd. Geminaten und -t wird nicht eingehalten. Die Schreibung mit t oder tt findet sich ohne auf die Quantität des Vokals zu achten: jetten, jetet, mittungen, huttung, notten. An Häufigkeit stehen die d-Schreibungen den t-Schreibungen nach. Der Text gehört in dieser Hinsicht zur md. Schreibtradition, wo d für mhd. in geringerem Ausmaß als in oberdeutschen Belegen erscheint. (vgl. Fleischer 1970: § 167) Grundsätzlich auslautend treten dt-Schreibungen auf: grundt, handtwerch, stambradt, waidt, brodt, goldt.

In diesem Sinne könnte der Text des Urbariums als eine typische Urkunde der Zeit, als der Prozess der Herausbildung der neuhochdeutschen Schriftsprache erst allmählich eingesetzt hatte, beeinflusst von dialektalen und überdialektalen Faktoren, gesehen werden.

Der Text liefert auch genügend Beispiele für die typischen orthographischen Merkmale des Frühneuhochdeutschen. Sehr häufig erscheint die Verdopplung der Konsonanten.

Am häufigsten werden < tt, dt, ff, nn> verwendet. Nach m wird b hinzugefügt. Konsonantenverdopplungen waren für das 16. Jh. charakteristisch. Da aber die Variationen mit verdoppelten Konsonanten neben den einfachen beobachtet werden, und zwar innerhalb der gleichen Wortformen, könnte man diese Erscheinung als eine graphische Angewohnheit des Schreibers bezeichnen, die sich mit einer solchen Tendenz in der damaligen Schrift erklären lässt. Im Text aber zeigen sich auch die Konsonantenverdopplungen, die ihre phonetische Begründung haben. Sie waren zu einer Schreibtradition geworden. Die Grenze zwischen der Schreibgewohnheit und der noch phonetisch erklärbaren Schreibung kann nicht fest gezogen werden. Außerdem lässt die individuelle orthographische Neigung des Schreibers, verschiedene Schreibungen der gleichen Wortformen zu verwenden, eine gewisse Anpassung an die örtliche Tradition erkennen. In diesem Sinne repräsentiert die Urkunde die wichtigsten Tendenzen der Schreibtradition im Schlesischen. Es entsteht der Eindruck, daß in der Urkundensprache nicht der Schreiber entscheidend ist, sondern vielmehr die überpersönliche Schreibtradition und der Zusammenhang mit der gesprochenen Sprache. Das Urbarium vermag die Entwicklungstendenzen des Frühneuhochdeutschen deutlich zu zeigen, denn neben den landschaftlichen Bindungen, die ober- und mitteldeutsche sowie auch slawische Einflüsse erkennen lassen, erscheinen überlandschaftliche Schreibungen, die sich im 16 Jh. in vielen mundartlichen Urkunden auf breiter Basis durchgesetzt hatten. Im Vokalismus treten neben den mundartlichen schlesischen Lautungen auch ihre überlandschaftlichen Entsprechungen auf. Der Wandel ä>ö z. B. wird im Text sowohl durch die Formen mit o wie auch mit a repräsentiert, z. B. jahrlich, geradten, nahmen, namen, krom, kromer, dorinne, dorein, do, woge, doneben, nochdem, schoff, pfol, pföle. Dieser Wechsel müßte für den Schreiber eine mundartliche Färbung haben, also bestehen beide Formen: eine landschaftlich gebundene und eine korrekte. Ähnliches lässt sich vom Übergang des mittelhochdeutschen kurzen u zum o sagen. Diese Erscheinung ist nur an Hand vereinzelter Belege zu beweisen: lohemölen wilkörlich, bekhömern, holomkhen~holomken. Für die Bestimmung des Umlauts von u gilt folgendes: Es ist auffallend, dass die Belege im Urbarium sich in keine Regel fassen lassen, die das Vorkommen oder Fehlen der Umlautbezeichnungen im Text erklären würden. Hier wären vielmehr die Anknüpfungspunkte mit dem Ostmitteldeutschen zu finden, wo der unterschiedliche Ausgleich zwischen ober- und mitteldeutschen Formen Umlautschwankungen hervorgerufen hat. In unserer Urkunde könnte man einen fakultativ erscheinenden Stich über o als Umlautbezeichnung annehmen; die Schreibung mit zwei Strichen ist sehr selten, z. B. gehört, khŏndt~khonde, ole, ölen, nŏtten~notten. Man beobachtet erst die beginnende Tendenz der Umlautsbezeichnung, was in Übereinstimmung mit der zeitlichen Bestimmung der Umlautsbezeichnung in der frühneuhochdeutschen Schriftsprache auftritt. Der Umlaut ist in unserem Text ungleichmäßig verbreitet. Regelmäßig wird nur der Umlaut des a fixiert, wobei auch nicht ohne Schwankungen: gäste~geste, mesten, genge, enderung, nemblich, genczligch, gewechs. Es wird nicht zwischen dem Primär- und Sekundärumlaut unterschieden. Besonders bei ä und ö scheint die Umlautsbezeichnung mit einer grammatischen Funktion verbunden zu sein. Bei den Pluralformen und beim Konjunktiv lässt sich diese Tendenz, wenn auch nicht mit völliger Konsequenz, entnehmen. In den anderen ostmitteldeutschen Urkunden wird diese Erscheinung auch repräsentiert (vgl. Fleischer 19770: § 47). Besonders schwer ist die Interpretation des u- Umlauts, weil u in jeder Wortposition, außer als v im Anlaut, mit einem U-Bogen versehen wird, z. B. vnter, vrbary, hŭnde, kŭche, nŭcz, bŭrger, brŭkh, stŭckh, müller ~mŭlner, mŭhlenn, vngebŭr~vngebŭr. Zusammenfassend lässt sich sagen, dass die Vielheit der diakritischen Zeichen über u die Umlautbezeichnung von u in Frage stellt. Der Akut könnte als Umlautbezeichnung bei a betrachtet werden, weil die Oppositionen mit a und o vorhanden sind, z. B. wǎld: wälde, ackher: äckher, garten: gǎrtlein, dorf: dŏrffer. Der Unterschied in der Behandlung von Umlautsarten im Text wäre mit Mosers Beurteilung gleichzusetzen, daß es noch in der ersten Hälfte des 17. Jhs Drucke gibt, in denen der u-Umlaut nicht bezeichnet wird. (vgl. Moser. 1929: §16) In den ostmitteldeutschen Drucken begannen die Umlautsbezeichnungen erst seit 1530 aufzutreten. Die kaiserliche Kanzlei ließ bis tief ins 16 Jh. den Umlaut von u und o in der Regel unbezeichnet. So wären hier die oberdeutschen Einflüsse zu sehen. Interessant ist die Untersuchung der sich gegenseitig beeinflussenden und ergänzenden mittel- und oberdeutschen Elemente im Text. Manchmal ist es schwer, die Grenze zwischen den Schreibungen, die eine phonetische Begründung haben, und den Modeschreibungen zu ziehen. In dieser Hinsicht wäre das Urbarium ein echtes Beispiel für eine in der Kolonisationsmundart geschriebene schlesische Urkunde, in der verschiedene mundartliche Entwicklungstendenzen aus der frühneuhochdeutschen Zeit gleichberechtigte, mitgestaltende Faktoren gewesen waren. Man gelangt zu einem vollständigen Bild des Prozesses der Herausbildung der neuhochdeutschen Sprache, wenn man viele ältere Texte unter dem Gesichtspunkt aller systematischen Relationen untersucht. So gesehen wäre die Untersuchung der schlesischen Urbarbücher ein Beitrag zu einer breiteren Analyse der Urkunden aus der Zeit des Frühneuhochdeutschen und erst ihre Ergebnisse würden das Wissen von den schlesischen Kolonisationsmundarten vervollständigen.

Literatur

Fleischer, Wolfgang (1970): Untersuchungen zur Geschäftssprache des 16. Jahrhunderts in Dresden, Berlin.

Frings, Theodor (1956): Sprache und Geschichte I–III, Halle/S.

Grabarek, Józef (1984): Die Sprache des Schöffenbuches der Alten Stadt Toruń.

Harweg, Roland (1973): Phonematik und Graphematik. In: Perspektiven der Linguistik I., Stuttgart.

Hartweg Frederic/Wegera Klaus Peter (2005): Frühneuhochdeutsch. Eine Einführung in die deutsche Sprache des Spätmittelalters und der frühen Neuzeit, Tübingen.

Idzikowski, Franz (1863): Geschichte der Stadt Oppeln. Oppeln. Jungandreas, W. (1928): Beiträge zur Erforschung und Besiedlung Schlesien, Breslau.

Kettmann Gerhard (1967): Die kursächsische Kanzleisprache zwischen 1486 und 1546, Berlin.

Moser, Hugo (1929): Frühneuhochdeutsche Grammatik I Bd. 1. Hälfte, Heidelberg.

Moser, Hugo (1977): Die Kanzlei Maximilians I. Graphematik eines Schreibusus, Innsbruck.

Schirmunski, Viktor Maximowitsch (1962): Deutsche Mundartkunde, Berlin.

Schmitt Ludwig Erich (1936): Zur Erforschung der neuhochdeutschen Schriftsprache. In: Zeitschrift für Mundartforschung 12. Skala, E. (1967): Die Entwicklung der Kanzleisprache in Eger bis 1660, Berlin.